LES MÉTAMORPHOSES
DE
L'AGRICULTURE FRANÇAISE

Ouvrage publié avec le soutien du
Centre de Formation Continue
de l'Université de Rouen

ISBN : 2-7384-6553-6

Gérard DUTHIL

LES MÉTAMORPHOSES DE L'AGRICULTURE FRANÇAISE

L'Harmattan
5-7, rue de l'École Polytechnique
75005 Paris - FRANCE

L'Harmattan Inc.
55, rue Saint-Jacques
Montréal (Qc) - CANADA H2Y 1K9

Centre de Formation Continue de l'Université de Rouen

Le Centre de Formation Continue de l'Université de Rouen est un organisme de formation professionnelle. Il propose, grâce aux diverses compétences développées au sein des facultés constituant l'université de Rouen, des formations longues diplômantes et des formations courtes qualifiantes dans des domaines variés.

Les formations diplômantes sont des Diplômes d'Etudes Supérieures Spécialisées (D.E.S.S. en gestion du personnel, gestion des établissements de santé, politiques locales de développement, développement culturel, et en politiques sociales,...) et des Diplômes Universitaires (D.U. d'anthropologie et psychologie criminelle, de pédiatrie, de bureautique, d'agro-chimie,...).

Les formations qualifiantes sont des actions spécifiques, montées sur mesure, pour des entreprises ou des administrations dans des domaines divers que sont : l'agro-chimie et l'agro-industrie, le droit, le commerce, la gestion, la psychologie, l'informatique, la mécanique, la santé, la qualité, ...

Etant au coeur d'un marché de plus en plus concurrentiel, il était important pour ce centre universitaire de se démarquer de la concurrence en adoptant une politique de qualité des services (administratif, conseil, formation,..) ayant pour finalité l'obtention d'une certification selon la norme ISO-9001 à l'horizon 2000. A cet égard, ses financeurs, tant publics que privés, sont très attentifs à l'existence de cette démarche.

Cet ouvrage est avant tout un hommage à mes parents, à mon père, Chevalier du mérite agricole, disparu récemment et à ma mère qui, pendant plus d'un demi siècle, a partagé cette passion de la terre.

du même auteur,

dans la collection « Logiques Economiques »

- *Les entreprises face à l'encadrement du crédit* (1990)
- *Les politiques salariales en France : 1960 - 1992* (1993)

dans la collection « Didactique des logiques économiques »
en collaboration avec D. VANHAECKE

- *Les fondements de l'économie d'entreprise* (1991)
- *Les statistiques appliquées à l'économie d'entreprise* (1993)

Introduction

La Révolution Française avait fait de la propriété de la terre la condition de la citoyenneté. Vers 1850, l'agriculture recouvrait 60% de l'emploi total national. Mais la contrepartie de ce morcellement de la terre était un revenu paysan très faible. Les campagnes surpeuplées abritaient des mendiants et des marginaux dont le nombre grossissait en période de disette. L'agriculture connut, au milieu du XIXe siècle, un grand essor basé sur des innovations techniques et de produits, permettant de mieux nourrir la population rurale et de développer l'élevage. Mais, plus de la moitié des exploitations agricoles avaient encore moins de 5 hectares et les trois quarts moins de 10 hectares.

L'agriculture française tombe, ensuite et jusqu'à la fin de la deuxième guerre mondiale, dans un profond sommeil. Elle est déficitaire pour quasiment tous les produits agricoles de base. Elle ne produit, par exemple, que les deux tiers de sa consommation totale de blé. Les gouvernements successifs s'emploient alors à inciter les agriculteurs à améliorer leurs productions qui restent des éléments vitaux pour une nation. La croissance des rendements fait suite à une forte mécanisation dans les années 1950, et le développement de la production française s'accélère avec la naissance de la Communauté Economique Européenne et sous l'influence de la Politique Agricole Commune. La production double alors entre 1945 et 1974. Dans le même temps, la population agricole passe de 7 à 4 millions.

Mais ce mouvement ne s'est pas arrêté là. En un peu plus de 30 ans, la population agricole qui représentait encore, en 1962, 20% de la population active, s'est effondrée pour ne représenter aujourd'hui que 4% dont 80% sont des exploitants. Les salariés agricoles des petites et moyennes exploitations ont disparu, modifiant considérablement l'encrage rural de la population. La chute brutale de la population agricole a constitué un bouleversement fondamental pour notre Société. Quelques traits marquants de cette transformation peuvent être brièvement relatés.

Le premier trait caractéristique est l'effondrement de la population active agricole. En un peu moins d'un demi siècle, ce sont plus de trois millions d'agriculteurs qui ont disparu. En 1954, il y avait 3 984 000 agriculteurs et 1 151 000 salariés agricoles. En 1990, les agriculteurs exploitants n'étaient plus que 982 000 et les salariés agricoles 282 000, selon le recensement de la population française. Cette évolution s'est accélérée ces dernières années avec la réforme de la Politique Agricole Commune et les nouveaux accords commerciaux internationaux. En effet, en 1995, les agriculteurs n'étaient plus que 859 000 et les salariés agricoles 220 000. On peut se demander, à juste titre, si notre économie ne va pas vers « une agriculture sans paysan ». Mais qu'appelle-t-on agriculteur exploitant ? Les exploitations agricoles sont définies, selon le recensement, comme des unités économiques produisant des produits agricoles qui atteignent ou dépassent une dimension minimale (supérieure à un hectare) et sont soumises à une gestion courante indépendante. Ainsi, cette gestion courante concernant les travaux à effectuer quotidiennement sur l'exploitation peut être assumée par une seule personne (exploitation individuelle ou par un groupe de personnes agissant de façon concertée). Il est clair que cette perte d'emplois agricoles a transformé les campagnes. Outre celles qui se meurent chaque jour davantage, les communes rurales où la population se maintient, voient les agriculteurs devenir de plus en plus minoritaires.

Le deuxième trait caractéristique est la concentration des terres, permettant ainsi une mécanisation forte et une standardisation des méthodes de production. Depuis le début des années 1970, les investissements des agriculteurs ont été très importants, remettant quelquefois en cause l'équilibre financier de l'exploitation, lors de chutes très rapides des cours de certains produits, notamment dans l'élevage. Ce bouleversement a été suscité par les lois d'orientation agricole dans les années 1960 qui visaient l'intensification de la production et par la Politique Agricole Commune, dans les années 1980, dont les effets positifs et négatifs sur le monde agricole seront développés ultérieurement.

Le troisième trait caractéristique est la plus grande ouverture du monde agricole sur l'extérieur. Le mode de vie des agriculteurs se rapproche de plus en plus de celui des autres catégories socio-professionnelles. Cette ouverture, parfois volontaire mais souvent obligée, se fait par de multiples biais. Ouverture volontaire dans le sens où la population agricole a un nombre d'enfants beaucoup moins important qu'auparavant, se rapprochant progressivement de la moyenne des ménages français. Elle vit également dans des conditions plus favorables (maison indépendante de celle des générations antérieures, équipement électro-ménager, augmentation des loisirs,...). D'autre part, l'ouverture est devenue obligée car la baisse du revenu agricole a incité les agriculteurs à trouver d'autres solutions. La diversification des activités (chambres d'hôtes, restauration et vente directe de produits,...) ont permis au monde agricole de s'ouvrir sur l'extérieur; En 1988, 80% des agriculteurs avaient une activité para-agricole. Il ne faut pas oublier non plus que bon nombre de femmes d'agriculteurs, voire d'agriculteurs eux-mêmes ont maintenant un emploi extérieur à la ferme, rendant plus homogènes leurs comportements avec ceux des autres catégories socio-professionnelles.

Cette profonde évolution du monde agricole montre bien sa perte d'identité. C'est pourquoi, il est en pleine turbulence aujourd'hui, rejetant la Politique Agricole Commune après l'avoir encensée, défilant dans les rues de Paris ou de Bruxelles avec des revendications justes mais de plus en plus irréalisables dans le contexte international actuel, en commettant certains excès (destruction de fruits et de légumes sur la voie publique, jets de pierre, début d'incendie...).

De là, de nombreuses questions se posent :

- Pourquoi une telle diminution du nombre d'agriculteurs alors même que nos campagnes deviennent de moins en moins peuplées et entretenues ?

- Le coût social du maintien des agriculteurs aurait-il été plus important que le coût de la restructuration ? Ne faudrait-il pas privilégier une production de qualité et extensive plutôt qu'une production intensive et destructrice ?

- Pourquoi la Politique Agricole Commune a-t-elle été remplacée en mai 1992 par une nouvelle P.A.C., manifestement moins bénéfique pour le monde paysan ?

- Quel est l'impact de la « soit disante » libéralisation des échanges des produits agricoles sur les marchés mondiaux à la suite des accords de l'Uruguay round en 1993 ? Les manifestations contre le G.A.T.T. étaient-elles justifiées ?

- Quel type d'agriculture aurons nous demain ? Est-ce que ce sera une agriculture duale à l'image de notre Société ?

Autant de questions qui appellent des réponses claires et précises sans a priori. Les agriculteurs sont aujourd'hui dans une incertitude croissante. De nombreux exploitants partent chaque année sans être remplacés. Le prix de la terre s'effondre tout comme celui de ses produits,...rationalité économique ou chemin sans issue ? Une chose est certaine, l'agriculture se meurt à petits feux après avoir connu, pendant les « trente glorieuses », son « Age d'Or ».

Sommaire

PARTIE I -

Le développement

de l'agriculture française

1750 -1960

Introduction

L'agriculture en France a connu un véritable essor après la Révolution Française qui représente là encore une rupture avec l'Ancien Régime. Il faut noter que sous ce dernier et suite à la pression des libéraux un certain « décollage » de l'agriculture s'était effectué après la redéfinition des systèmes de prix, de taxes,...). Cependant, cette cassure est propice à l'apparition d'éléments socio-économiques permettant un passage pendant le XIXe siècle à une agriculture plus efficace, plus intensive, et capable de répondre aux besoins de la population. Il faut attendre le retour au protectionnisme à la fin de ce siècle pour que la croissance du produit agricole soit freinée. Les deux Guerres mondiales montreront les limites de l'agriculture française et forceront à mettre en place une véritable politique de développement rural, politique qui rentrera vite en opposition avec la Politique Agricole Commune mise en place en 1962 (Chapitre I). Ces deux siècles, très riches historiquement, marquent un changement profond, sans être radical, dans l'agriculture. En effet, elle voit sa production, sa productivité par homme ou par hectare, s'améliorer notablement. On assiste, en même temps, à un développement des échanges inter-régionaux mais aussi internationaux. Et pourtant, la « véritable » transformation de l'agriculture française n'interviendra qu'avec la mise en place de la Politique Agricole Commune (Chapitre II).

CHAPITRE I -

La révolution

dans l'agriculture française :

du serf au paysan

La France connaissait, avant la Révolution de 1789, d'importants problèmes alimentaires qui étaient dus surtout aux difficultés des transports entre régions et aux insuffisances du système de stockage. L'approvisionnement régulier des villes n'était pas assuré pendant les années de mauvaise récolte. De la même façon, les années de fortes productions connaissent une mévente prolongée des produits, et des pertes alimentaires.

Section 1 - L'agriculture et le Libéralisme du XVIIIe

Au début du XVIIIe siècle, « 80% de la population arrive à peine, au prix d'un labeur acharné, à se nourrir et à nourrir 20% de privilégies, de bourgeois et d'artisans » (A. SOBOUL, 1970). En effet, si l'on se réfère à R. ROEHL (1976), le paysan du XVIIIe siècle « tire à peine une vie misérable d'une petite parcelle de terre pauvre, complétant ses revenus par un travail non agricole dans la mesure des possibilités, thésaurisant le faible surplus qui pourrait exister, fournissant peu hormis son travail à un marché étroitement circonscrit et encombré, n'achetant presque rien sur les marchés locaux ou régionaux, n'ayant pas la notion même hypothétique d'un marché national ».

Il y a en réalité plusieurs agricultures. La première, située dans le Midi, est aux mains de petites propriétaires qui pratiquent des techniques extensives et une grande variété de cultures où la vigne domine. La deuxième dans les pays de bocage de l'ouest est essentiellement vouée à la polyculture. La troisième céréalière et d'« open field » se trouve au nord ; elle est soumise à des contraintes collectives qui sont un frein à l'innovation. La dernière correspond à des terres exploitées par une minorité de grands propriétaires, de fermiers bourgeois ou d'aristocrates qui introduisent progressivement des techniques nouvelles.

La monarchie va être de plus en plus imprégnée par les idées libérales dont la logique est exprimée d'abord par

BOISGUILBERT au début du siècle et surtout par le courant des physiocrates (dont DUPONT de NEMOURS, Le MERCIER de la RIVIERE, GOURNAY, MIRABEAU et bien entendu QUESNAY). F. QUESNAY précise sa conception du libéralisme appliqué à l'agriculture dans l'article « Grains » de l'encyclopédie de 1757. « Une Nation qui fait baisser le prix des denrées... se détruit de toute part ». Il faut donc laisser les prix monter de façon à ce que les producteurs soient mieux rémunérés, les incitant à produire davantage. Les risques de famine seront ainsi supprimés et la hausse de la production et des revenus agricoles favorisera les autres secteurs par des effets de propagation. F. QUESNAY conclut que « les richesses du laboureur assurent les revenus de la Nation, la puissance du souverain et la prospérité de L'Etat ».

La politique étatique fixant le prix du blé faible est alors abandonnée pour un système progressif de liberté économique avec la mise en place d'une législation plus libérale à partir de 1750. La liberté du commerce inter-régional est établie par les lois de 1754, 1763, 1774. Cependant, la politique de fixation du prix du blé avait une rationalité sociale. Elle permettait « d'approvisionner les villes à des conditions avantageuses et d'éviter que les pauvres ne soient éliminés du marché, où la circulation des grains est entravée par les péages et des prohibitions afin d'empêcher les pénuries locales et préserver les stocks » (J. BRASSEUL, 1997). Dans certaines régions, notamment du nord-ouest et de l'est, l'agriculture se transforme. Les édits de clôture remettent en cause le système de l'« open-field » inefficace et inadapté aux nouvelles pratiques. La jachère recule avec l'introduction des rotations de cultures et le développement de l'élevage. Les provinces commencent à se spécialiser avec l'extension des échanges. Enfin, les productions de maïs et de pomme de terre - plantes récemment introduites - augmentent et limitent la sous-nutrition.

La croissance de la production agricole s'accélère après 1750 et les historiens s'interrogent sur l'existence d'une révolution agraire avant la Révolution française. M. MORINEAU (1968) montre que certains facteurs le laissent penser comme l'ampleur des défrichements, la remise en cause croissante des droits collectifs (droit de vaine pâture, droit de parcours, droit de glanage,...), le développement d'une agriculture mixte - culture/élevage -. D'autres insistent sur l'impact de la Révolution dans l'accélération des transformations de l'agriculture française (W.H. NEWEL, 1973) ou encore sur le développement de l'infrastructure (chemin de fer, canaux,...) pour voir l'agriculture véritablement se moderniser (M. GARDEN, 1978).

L'année 1789 est marquée par la pénurie et la disette conduisant à la fois à la réduction du revenu des paysans, à la mise au chômage des paysans « ouvriers » et à la révolte populaire contre les privilèges. Le monde agricole est affecté par trois maux, à savoir :

1. l'absence de propriété des terres sur lesquelles travaillent les paysans ;

2. La quasi-inexistence d'investissement à long terme pouvant permettre un développement de l'agriculture française ;

3. Un système de production peu efficace n'assurant d'aucune façon la continuité de la production.

Section 2 - Libéralisme révolutionnaire et développement agricole

Si la Révolution Française abolit les anciens privilèges, elle ne crée pas pour autant les bases juridiques de l'économie libérale, en ce qui concerne l'agriculture. En effet, le décret d'Allarde, du nom du député qui l'a proposé le 17 mars 1791, et la loi Le Chapelier du 14 juin 1791 constituent les bases juridiques d'un nouvel ordre économique : le libéralisme. L'accès et surtout l'exercice des professions artisanales et commerciales sont libres. La liberté du commerce et de l'industrie est donc reconnue. Associée à l'affirmation par l'article 17 de la Déclaration des Droits de l'Homme et du Citoyen - Déclaration du 26 août 1789 - du caractère inviolable et sacré du droit de propriété, la libération de l'activité économique crée les conditions nécessaires au libéralisme économique. Il y a donc tout de suite une cassure politique avec l'Ancien Régime qui pratiquait en matière économique une politique dirigiste : le Colbertisme.

Cependant, dans l'agriculture, la logique politique née de la Révolution a un tout autre objectif. En effet, la Révolution fait de la propriété de la terre la condition de la citoyenneté. L'Etat vend les grands domaines qui sont acquis par de petits paysans. De plus, il met fin au droit d'aînesse permettant la division de la propriété et le maintien d'une forte population agricole. Enfin, bien qu'ayant supprimé les droits de douanes intérieurs (péages, octrois,...), preuve d'une certaine libéralisation des échanges intérieurs, l'Etat - pour faire face aux difficultés financières et à la guerre - contraint davantage cette libéralisation, par des mesures notamment de fixation de prix plafonds. En effet, le 4 mai 1793 pendant la guerre de Vendée, la Convention vote une loi fixant un prix maximum par département pour les grains. Cette mesure, ne pouvant pas arrêter les pénuries, est vite abandonnée. Mais face à la pénurie de pain, en particulier à Paris, et à la pression populaire, la Convention vote le 29 septembre 1793 la loi du maximum général : prix et salaires sont bloqués. Un prix maximum est fixé pour les denrées de première nécessité : viande, beurre, huile, vin, charbon de bois,..., leur prix est bloqué au tiers au dessus de leur cours de 1790. Quant aux salaires, ils sont bloqués à 50% au dessus de leur niveau de 1790. Ces mesures, dictées par les contraintes militaires et politiques, furent ensuite progressivement supprimées à partir de la fin de 1794.

La Révolution constitue bien une rupture avec le régime dit féodal. Elle consolide la propriété foncière et réalise un transfert de la propriété.

L'agriculture représente en France, au XVIIIe siècle, l'activité économique dominante. Sous le régime féodal, la part de la propriété libre - appelée « alleux »- est réduite ; peu de paysans possèdent la terre qu'ils travaillent. L'essentiel des fonds ruraux était réparti dans les seigneuries. Cependant deux types de terres constituent la seigneurie, à savoir : 1. la « réserve », c'est-à-dire les terres et les bâtiments dont le seigneur est l'unique propriétaire et qu'il exploite lui-même - par ses domestiques - ou fait exploiter - les « affermages » ; 2.

les « tenures » qui sont en frange de la réserve. Elles sont soit nobles (les « fiefs »), soit roturières (les « censives » : les exploitations paysannes). La jouissance de ces tenures est partagée entre le seigneur et le tenancier. Si le seigneur garde la « propriété éminente » de la terre (droit de chasse et droits économiques), le tenancier n'a que l'usufruit (« propriété utile »). Ainsi, pour une censive, le seigneur perçoit des droits réels dont le cens qui consiste en un prélèvement sur le produit des récoltes, des droits de mutation en cas de vente ou d'héritage et des droits personnels permettant d'exiger d'une personne une prestation, telle la corvée.

Mais à la veille de la Révolution, les tenanciers - usufruitiers tendent de plus en plus à disposer de la libre jouissance des terres qu'ils exploitent. Ils réclament donc la suppression des droits féodaux ou seigneuriaux. La Révolution va donc libérer le sol en abolissant ces privilèges et en proclamant le droit de propriété comme un droit naturel et imprescriptible de l'homme. L'abolition des privilèges, dans la nuit du 4 août 1789 fait que les tenanciers deviennent propriétaires de leurs biens. L'exploitation de la terre est alors libérée de toute entrave économique puisque les droits féodaux représentaient de 20 à 40% du revenu agricole.

Le transfert de propriété n'a pas qu'une raison socio-économique, il a aussi une raison financière. La monarchie se trouve, en 1788, devant une crise financière. Le déficit prévu est de l'ordre de 20% du budget de l'Etat. La gravité de la crise financière exigeait alors une réforme fiscale importante ; c'était l'objectif de la convocation des Etats Généraux de mai 1789 -Etats Généraux qui ne se tiendront pas -. Cependant, en octobre 1789, Talleyrand,- Evêque d'Autun - propose que les biens du clergé soient mis à la disposition de la Nation. Cette proposition, soutenue par Mirabeau, est adoptée par l'Assemblée constituante le 2 novembre 1789. Tous les biens du clergé sont alors morcelés et vendus aux enchères pour le compte du Trésor. Cette vente dite des biens nationaux va s'échelonner sur plusieurs années et accroît très fortement le nombre de propriétaires fonciers même si elle profite essentiellement aux bourgeois des villes - qui se désengageront du secteur agricole au milieu du XIXe siècle - et aux catégories supérieures de la paysannerie. Estimés à quatre millions avant la Révolution, les propriétaires fonciers sont au nombre de six millions et demi en 1825. Les clivages sociaux dans la paysannerie restent très marqués entre les fermiers et les petits exploitants, voire les journaliers sans terre.

Il faut souligner que ce transfert de propriété marque un essor de l'agriculture française qui devient plus productive avec une intensification de la production tant au niveau de l'élevage que des cultures (Pomme de terre, blé,...). Mais ce drainage de capitaux vers l'agriculture limite en même temps le décollage industriel. Devenue valeur refuge, la terre permet l'avènement d'une classe dominante de propriétaires fonciers au début du XIXe siècle qui deviendra le plus sûr soutien de l'empire et de la monarchie restaurée.

Section 3 - Le XIXe siècle : un développement agricole régulier

La forte croissance démographique du milieu du XIXe siècle permet un développement régulier. De 1820 à 1870, l'agriculture française connaît sa croissance la plus forte du siècle avec un taux annuel de 1,2%. Les marchés se développent, les prix augmentent ainsi que le pouvoir d'achat moyen des paysans. Cette croissance permet la mise en oeuvre d'innovations tant dans les produits (pomme de terre, betterave à sucre, colza,..) que dans les techniques (utilisation d'engrais chimiques, suppression progressive de la jachère,...). Cependant cette prospérité de long terme est ponctuée de crises provenant soit d'aléas climatiques - les orages de l'été 1811 provoquent des pertes importantes de produits agricoles et des hausses de prix -, soit de l'insuffisance de la production agricole - crise agricole des années 1846-1848 qui se propagea à l'industrie -. L'agriculture française reste exposée à la concurrence étrangère et le prix du froment baisse de 35% sous la Restauration. Mais pour protéger notre production, la loi douanière de juillet 1819 établit le principe de l'échelle mobile pour les céréales qui empêche les importations lorsque le prix des céréales étrangères devient trop faible par rapport au prix intérieur.

La population rurale progresse et atteint son maximum au milieu du siècle avec près de 27 millions d'habitants. L'agriculture fournit alors environ 60% de l'emploi total. Mais cette croissance nette de l'agriculture est très inégale selon les régions françaises. Dès 1830, commence l'exode rural qui touche d'abord les artisans et les paysans sans terre. Les massifs montagneux (Pyrénées, Massif central, Jura, Vosges et Alpes) ainsi que l'Alsace-Lorraine et la Normandie subissent cet exode. M. MORINEAU (1971) conclut d'ailleurs qu'au début du siècle « l'agriculture française demeurait sur la majorité du territoire stagnante, retardataire, primitive ». En effet, elle était caractérisée par trois faits. Tout d'abord, les terres labourables représentaient les deux tiers des terres cultivées. Elles permettaient de fournir des céréales et des farineux. Ensuite, la jachère était une pratique importante - le quart des terres - qui freinait fortement la croissance de la production. Enfin, les prairies et les plantes fourragères ne représentaient qu'une part marginale des terres cultivées. L'agriculture reste ainsi orientée vers la production de nourriture humaine alors que le décollage technique dépend largement d'un accroissement des productions animale et fourragère. Cependant, comme le souligne bon nombre d'historiens, était-il possible de faire autrement ? En effet, les campagnes étaient « surpeuplées ». « Cette société traditionnelle (...) est une société où pullulent les mendiants, les marginaux, les pauvres hères, dont le nombre se gonfle dans les périodes de disette, comme celle de 1816-1817 » F. CARON (1995). Cette constatation se renforce dans les régions pauvres ou montagneuses. Pratiquement, tous les pays montagneux et les terres les plus pauvres voyaient des milliers d'hommes s'expatrier comme manoeuvres, plus rarement comme spécialistes ou colporteurs. En fait, « le système agraire ne permettait pas d'occuper tous les habitants des campagnes » J. PITIE (1993).

Cependant le XIXe siècle voit également l'infrastructure économique se développer de façon à créer une industrie plus solide. Depuis Paris, un réseau de routes nationales, départementales et de chemins vicinaux s'intensifie pendant la première moitié du XIXe. Par une loi de 1936, la Monarchie de Juillet réalise un effort considérable pour désenclaver les campagnes. De même le réseau des canaux navigables a plus que triplé entre 1815 et 1848. Mais l'avancée la plus significative arrive avec la construction d'un réseau de chemin de fer en étoile partant de Paris. De 1842 à 1870, ce sont 17500 kilomètres de chemin de fer qui sont posés. Grâce à ce développement de l'infrastructure, on assiste à un véritable décloisonnement du marché agricole intérieur qui n'est certainement pas sans poser de problèmes, notamment en terme de développement inégal des régions.

J.C. ASSELIN (1984) en conclut que « La décennie 1850-1860 tient une place exceptionnelle dans l'histoire économique française : c'est à la fois l'apogée de la prospérité agricole, la naissance du système bancaire moderne, l'ère des grands travaux de rénovation urbaine et la phase décisive de la révolution ferroviaire ». La nouvelle agriculture constitue un ensemble dont les éléments sont solidaires. La Société d'Agriculture de Compiègne définit ainsi la betterave sucrière comme « la génératrice de l'agriculture, véritable premier principe de toutes les améliorations ». En effet, elle fournit la pulpe qui permet d'accroître le cheptel, prenant un poids de plus en plus important dans le revenu agricole. L'accroissement du cheptel permet le fumage des terres qui, avec le marnage, améliorent leur qualité et conduisent à une réduction de la jachère.

Cependant, en 1860, Napoléon III ouvre les frontières avec la Grande-Bretagne, puis avec d'autres pays les années suivantes. Le traité franco-britannique de libre-échange démantèle en France tout le système commercial en vigueur qui reposait jusqu'alors sur l'existence de prohibitions et de droits protecteurs. Cela conduit à instaurer l'ouverture des frontières avec des droits d'un montant très modéré. La France attendait de ces traités de libre-échange plusieurs effets favorables : 1. produire dans des conditions plus efficaces venant de l'élargissement du marché ; 2. stimuler l'innovation et l'intégration du progrès technique sous la pression de la concurrence ; 3. se spécialiser dans les productions les plus performantes. L'agriculture tire parti de cette ouverture des marchés. De 1870 à 1890, les exportations de pommes de terre sont multipliées par six, celles du sucre par quatre et du vin par deux. L'élevage est également en nette progression. La production de beurre et de fromage est multipliée par quatre et celle de viande bovine par trois. Les terres cultivables ne cessent de s'accroître par le drainage de la Brie, l'assèchement du marais poitevin, des Dombes et des Landes ainsi que le défrichement de landes en Bretagne (600 000 hectares).

Mais à partir de 1875, l'essor semble progressivement se stopper et la production agricole stagne jusqu'en 1890[1]. Ce marasme semble avoir plusieurs origines selon les productions concernées. La crise viticole est avant tout une crise de sous production ; il faut se rappeler que le vignoble a été fortement détruit par le phylloxéra. La crise céréalière a une origine plus économique venant de la baisse prolongée des prix, due en grande partie à l'ouverture des frontières - par exemple, le prix du blé a baissé de 33% sur les deux dernières décennies du XIXe siècle -. La crise dans la production animale a la même origine, la baisse des prix. La crise des oléagineux a une toute autre origine puisqu'elle est consécutive à la colonisation de l'Afrique. En effet, les entreprises françaises investissent dans des plantations d'arachide et substituent l'huile produite aux huiles de colza ou d'olive dont les coûts sont deux fois plus élevés. Contrecoup de cette première délocalisation de production, la surface de production des oléagineux est divisée par dix entre 1862 et 1912. Ensuite, la structure agraire, caractérisée pour l'essentiel par l'importance des petites fermes, ne permit pas la mobilisation des capitaux nécessaires pour le développement des techniques nouvelles de production (Cf tableau 1). Enfin, certaines régions très enclavées ne peuvent bénéficier rapidement d'apports d'engrais. Ainsi au seuil de la crise de la fin du XIXe siècle, trois agricultures se côtoient : - la grande culture adoptant les nouvelles techniques, - la polyculture dont les unités de production sont de petite taille, - l'élevage qui, compte tenu de son isolement ou de la nature du sol, entame son développement. La politique agricole de la IIIe République a avantagé la grande culture au détriment des deux autres.

---

[1] Voir à ce sujet le livre de R. BAZIN (1899) « La terre qui meurt ».

Tableau 1 :

La structure agraire : nombre d'exploitations selon la taille (en %), moyenne France

	1-5	5-10	10-20	20-30	30-40	>40
1862	56,3	19,2	11,3	5,5	3,0	4,8
1892	52,7	22,7	12,4	5,5	2,7	4,0

Source : J.C. TOUTAIN (1992), Tome 1, p. 228-230.

Ainsi, il est clair que l'agriculture française de la fin du XIXe siècle ne présente qu'une faible faculté d'adaptation à la concurrence extérieure. La dépression a eu même l'effet inverse : rigidifier et fragiliser les structures agraires. Les partisans du protectionnisme surgissent à nouveau. La fin du XIXe est donc marquée par des politiques protectionnistes dans tous les pays. L'Allemagne, les Etats-Unis et la Russie adoptent ce type de politique. En France, les droits sur les céréales sont augmentés en 1884 par le ministre de l'agriculture Méline[1]. Sur une pression très forte de la Société des Agriculteurs de France, une loi de 1892 augmente les droits de douanes de 5% à 20%. Mais si les importations diminuent, les exportations suivent la même tendance à cause de mesures de rétorsion des pays étrangers. Le commerce mondial tend à s'affaiblir. Cependant, le gouvernement français continue dans la même voie et adopte, en 1897, la loi du cadenas lui permettant de modifier à tout moment les droits de douanes en fonction de la situation des marchés. L'agriculture française perd alors de son poids dans le système économique national. Alors qu'elle employait, en 1800, 60% de la population, l'agriculture n'emploie plus que 40% de celle-ci à la veille de la première guerre mondiale. La dynamique économique s'est essoufflée avec le protectionnisme entraînant des déficits importants dans bon nombre de productions.

[1] Il est intéressant de se référer au livre de Jules Méline (1904), « Retour à la terre ».

Section 4 - Fragilité et modernisation de l'agriculture

Si la Grande Guerre montre les handicaps de l'agriculture française[1] (faible mécanisation, sous-production végétale et animale, lien peu important avec l'industrie,...), elle relance cependant l'agriculture grâce à une forte augmentation des prix. La mécanisation s'en trouve accélérée à la sortie de la Guerre permettant des gains de productivité importants. Mais il convient de souligner que le développement de la mécanisation a été dû en partie à la raréfaction de la main-d'oeuvre. L'exode rural a contraint ceux qui restaient à améliorer les rendements. Face à une crise de surproduction mondiale (ou de sous-consommation) dans les années 30, le gouvernement socialiste crée l'Office du blé et met en place un système d'intervention basé notamment sur des organismes de stockage enrayant la baisse des prix et un prix minimum garanti.

Cependant, le déficit agro-alimentaire de la France s'accroît jusqu'à la veille de la deuxième guerre mondiale. Face à la coupure avec l'extérieur et aux prélèvements alimentaires de l'Allemagne, la France se retrouve en état de pénurie. En 1945/46, la France importe la moitié de sa production de blé. Sous l'impulsion de Jean Monnet, nommé commissaire au Plan, le premier plan est adopté par le gouvernement Blum en janvier 1947. Son objectif est de développer la production nationale et les échanges extérieurs, notamment dans les domaines où la France présente une efficacité plus élevée, d'accroître le rendement du travail, d'assurer le plein emploi de la main-d'oeuvre, d'élever le niveau de vie de la population et d'améliorer les conditions de vie. Entre 1953 et 1960 date de création du F.O.R.M.A. (Fonds d'Orientation et de Régularisation des Marchés Agricoles), c'est l'ensemble du système d'intervention qui est créé et destiné à soutenir les prix des céréales, du riz, des produits laitiers et de la viande de boeuf. Ainsi, tandis que certains prix étaient administrés - à des

[1] Voir les analyses du monde agricole menées par E. GUILLAUMIN (1925), « Paysans par eux-mêmes » et par D. HALEVY (1928) « Visite aux pays du centre »

degrés et selon des modalités très diverses -, d'autres étaient entièrement libres. En quelques années, la production agricole se redresse fortement comme le montre le tableau 2 (Il faut souligner que 1958 fut une année de mauvaise production faisant suite à des conditions climatiques défavorables).

Tableau 2 :

Quelques évolutions significatives

Années	1952	1954	1956	1958
Viande millions de tonnes	2,06	2,46	2,58	2,56
Lait de vache milliers de tonnes	150	180	190	205
Vin millions d'hecto.	53,9	60,9	51,7	47,7
Pomme de terre millions de quint.	110	158	168	127
Tracteurs milliers	26	39	79	93

Source : Annuaire statistique de la France, P.U.F., 1961

Cette forte croissance dans le secteur agricole devient dans les années 50 un des points forts de l'économie française. Les gains de production atteignent 6,8% par an entre 1949 et 1962 contre 5,5% pour l'ensemble de l'économie. Cette croissance des rendements fait suite à une forte mécanisation de la production. En effet, la production de machines agricoles double entre 1954 et 1958 - le parc de tracteurs, qui était de 56 000 en 1946, passe à 136 000 en 1950 et à 560 000 en 1958, soit un tracteur pour 33 hectares. La nécessité de l'investissement devient une évidence, comme d'ailleurs les notions de rentabilité, de productivité et d'aménagement du territoire. Une nouvelle volonté d'ouverture des frontières réapparaît faisant reculer les idées protectionnistes, volonté exprimée notamment à travers la signature du Traité de Rome en 1957 créant le marché commun. L'Etat fait le choix d'abaisser les droits de douane entre les pays du marché commun et d'adopter une politique agricole commune.

Les progrès sont spectaculaires puisque la production agricole double entre 1945 et 1974. Mais la surface cultivée diminue de 10% et la population agricole est réduite de plus de 40% passant de 7 à 4 millions. Ces « Trente Glorieuses » annoncent donc le déclin relatif du poids de l'agriculture dans l'économie nationale. La production agricole pendant cette période croît deux fois moins vite que la production industrielle pour ne représenter que 5% du P.I.B. en 1974. La stagnation de la demande intérieure de produits alimentaires provoque surproduction et baisse des prix des produits agricoles. Le revenu des agriculteurs stagne alors que beaucoup sont endettés. La loi d'orientation agricole de 1960 intervient dans un contexte très tendu de revendications. La politique de l'Etat passe non seulement par un soutien des prix et donc du revenu des agriculteurs mais aussi par un encouragement du départ à la retraite des agriculteurs âgés, par l'aménagement et le remembrement des structures agricoles (création de S.A.F.E.R et Fonds d'Action Sociale), et la création de coopératives et des groupements de producteurs. Cette politique est relayée par la Politique Agricole Commune, mise en place en 1962.

L'Allemagne, la Belgique, la France, l'Italie, le Luxembourg et les Pays-Bas adhèrent alors à l'idée d'une Europe unie constituant un seul marché et permettant de la rendre indépendante des autres blocs. La suffisance alimentaire était au départ un des moteurs de la construction européenne. Pour atteindre cette suffisance alimentaire, il fallait mettre en place une politique agricole commune dont l'objectif était d'accroître le potentiel européen de production agricole. Il convenait donc de moderniser le secteur agricole par des investissements efficaces, de diminuer le nombre d'agriculteurs - notamment âgés - de façon à concentrer les terres, d'améliorer la production, les moyens de circulation et de stockage des produits pour assurer une plus grande régularité des cours. Cette politique passait nécessairement par la suppression des droits de douanes, des entraves à la circulation des produits à l'intérieur de l'union mais aussi par une protection plus grande vis-à-vis des produits étrangers à l'union. La France avait beaucoup à y gagner puisqu'elle disposait à elle seule de la moitié des terres cultivables de la

Communauté européenne des « six ». Elle avait donc une place primordiale dans la réalisation de l'objectif d'autosuffisance alimentaire.

Pour conclure sur cette longue période de développement de l'agriculture française, il apparaît que, même si son essor ne s'est pas fait sans incident, sans crise, il n'a été que relativement progressif. S'il est vrai que la Révolution française a modifié les règles de l'agriculture, des prémisses de décollage existaient déjà sous l'ancien régime. Peu ont une attitude aussi tranchée que R ALDRICH (1987) qui déclare que « L'économie française a été blessée par la Révolution ; elle a continué à boitiller pendant la première moitié du XIXe siècle, et a récupéré au moment du second empire mais sans assez recouvrer ses forces pour affronter la guerre de 1870 et la dépression de 1873. Puis l'homme malade a eu une période de bonne santé, des années 1890 jusqu'à la première Guerre Mondiale, mais il a dû retourner au lit après 1918 et n'a pu se remettre sur ses pieds que dans les années cinquante ». D'autres comme R. ROEHL (1976) montre que l'agriculture a joué un rôle déterminant dans la révolution industrielle. Des terres riches et une production agricole croissante ont permis de nourrir une population de plus en plus nombreuse. La France aurait mieux évité que l'Angleterre, par exemple, les disparités et les misères liées à l'industrialisation. Sa modernisation s'est effectuée à un moindre coût social. D'ailleurs, T.S. ASHTON (1948) souligne que la France a su garder une qualité de vie campagnarde, pauvre et parfois très dure, mais tout compte fait préférable aux « horreurs mécanisées » de l'industrie et de l'urbanisation. P.K. O'BRIEN et C. KEYDER (1975) prêtent aux paysans français une attitude rationnelle retardant l'exode rural. « Les ménagers et les journaliers avaient une appréciation pénétrante de ce que serait leur sort s'ils allaient en ville : leur condition difficile n'aurait pas été réellement améliorée... ». L'agriculture française n'a jamais plongé dans l'immobilisme total. Sa stagnation, notamment après les années 1870, résulte simplement d'un jeu complexe de crises et de croissances sectorielles régionales. « Elle a vécu une période de lente adaptation (...) » (F. CARON, 1995).

CHAPITRE I I -

La transformation

de l'agriculture française

La transformation de l'agriculture française peut être analysée à partir de diverses variables que sont la production, les échanges inter-régionaux et les échanges internationaux.

Section 1 - L'évolution de la production

J.C. TOUTAIN (1992) montre l'intensification de la production agricole sur deux siècles de 1790 à 1990.

Tableau 3 :
Taux de croissance annuel moyen du produit final, de la valeur ajoutée et de la productivité agricoles

Périodes	Produit final	Valeur ajoutée	Productivité
1803-1812	0,27	0,28	0
1815-1824	0,77	0,77	0,4
1825-1834	1,08	1,06	0,6
1835-1844	1,33	1,30	1,1
1845-1854	1,14	1,07	1,0
1855-1864	1,19	0,93	0,9
1865-1874	0,53	0,13	0,3
1875-1884	-0,09	-0,44	-0,1
1885-1894	0,35	0,25	0,4
1895-1904	1,04	1,09	1,5
1905-1913	0,69	0,70	1,5
1920-1924	0,10	0,26	0,9
1935-1938	0,95	0,35	1,5
1950-1988	2,40	1,90	5,6

Source : J.C. TOUTAIN (1992), Tome 1, p.14.

Il est frappant de voir l'accélération de la croissance du produit agricole final et de la productivité sur les quarante dernières années. Il note que « au cours de ces deux siècles, on peut estimer le taux de croissance du produit agricole final à 0,9% annuel, 1% de 1810 à 1990, donc à 1% en tout état de cause, au long cours. La valeur ajoutée brute (consommation intermédiaire déduite) a un taux légèrement inférieur du fait de la forte croissance des dépenses de production, de 0,8% à 0,9% ».

Le produit agricole brut a été multiplié par 2,4 de la fin des années 30 à 1990. Mais sa croissance a été réellement très forte à partir du début des années 60.

Tableau 4 :

Le produit agricole, 1815 - 1990,
Indice volume 1905-1913.

Années	Indice volume	Années	Indice volume
1815	41,8	1934	125,9
1824	54,6	1938	116,9
1834	57,3	1950	132,9
1844	69,2	1955	152,3
1854	68,6	1960	180,7
1864	88,8	1965	190,4
1874	92,1	1970	205,5
1884	84,4	1975	205,5
1894	93,8	1980	227,9
1904	98,6	1985	268,0
1913	102,8	1988	278,6
1924	111,0	1990	282,2

Source : J.C. TOUTAIN (1992), Tome I, p. 300 - 305

Mais cette évolution de la productivité n'est pas uniforme à tous les produits. En distinguant produit animal et végétal, on s'aperçoit que si la croissance du produit animal est légèrement plus forte que la celle du produit végétal de 1803 à 1874, elle reste ensuite très importante alors que celle du produit végétal est très faible, voire négative jusqu'en 1925. De 1875 à 1894, le produit végétal décroît fortement et annonce une période peu florissante pour l'agriculture française jusqu'en 1925. Le produit animal ne connaît pas cette période de stagnation et poursuit, certes à un rythme moins rapide, sa croissance.

Tableau 5 :

Taux de croissance annuel du produit végétal
et du produit animal

Périodes	Produit végétal	Produit animal
1815-1824	0,8	0,76
1825-1874	0,58 $\leqslant \leqslant$ 1,08	0,43 $\leqslant \leqslant$ 1,94 (1)
1875-1884	-0,79	0,92
1885-1894	-0,57	1,44
1895-1904	0,88	1,21
1905-1913	0,22	1,15
1920-1924	-0,18	0,32
1925-1934	1,19	1,74
1935-1938	0,11	0,77

(1) La croissance moyenne de chaque décennie est comprise entre ces deux taux.

Source : J.C. TOUTAIN (1992), Tome I, p. 17.

Ainsi au cours du temps, un rééquilibrage s'effectue dans la structure de la production agricole. Alors qu'en 1850, le produit végétal représentait les 2/3 du produit total agricole, en 1990, il ne pèse qu'un peu plus de la moitié de celui-ci. J.C. TOUTAIN souligne que l'agriculture a abandonné, dès le milieu du XIXe siècle et parfois avant, la production de matières premières à l'intention de l'industrie (textile, oléagineux, bois) et n'a géré que très lentement, après que le front des céréales eut été écorné, sa reconversion en faveur des fruits et légumes, de la viande et des produits laitiers ».

Tableau 6 :
Structure abrégée de la production agricole

	Céréales	Fruits et légumes	Vins	Cultures industrielles	Produit végétal
1850	39	6	10	10	65
1900	24	13	10	7	55
1930	15	21	9	7	52
1990	17	12	12	6	51

	Viandes	Produits laitiers	Produits industriels	Produit animal
1850	14	13	8	35
1900	24	13	8	45
1930	25	15	8	48
1990	27	15	7	49

Source : J.C. TOUTAIN (1992), Tome 1, p.33.

Cette croissance du produit agricole est accompagnée d'une forte augmentation de la productivité tant par actif que par hectare, quelque soit la région avec cependant des rythmes de croissance différents.

Sur la période 1962 - 1990, la dispersion de la croissance de la productivité par personne active est très importante montrant notamment les effets de la spécialisation. Le Centre et la Bretagne, régions spécialisées respectivement dans la production végétale et animale, voient la productivité par tête s'accroître très fortement - cette dernière est multipliée par 7 et par 9 en moins de trente ans -. L'Alsace qui a vu la productivité agricole s'accroître nettement, a "bénéficié" d'un exode rural très important - elle perd les trois quarts de sa population agricole active -. Des régions comme l'Ile de France, le Nord, la Picardie, le Limousin ou encore le Languedoc, où les gains de productivité par actif sont plus faibles que la moyenne nationale, souffrent en fait d'une faible croissance du produit final. En se référant au tableau 13, on remarquera que ce sont ces mêmes régions qui voient une détérioration du revenu relatif par exploitation dans les années 80.

Tableau 7 :

Croissance de la productivité par actif et par hectare (base 100 en 1892 et 1962)

Régions	Par personne active		Par hectare	
	1892/1929	1962/1990	1892/1929	1962/1990
Champagne	138	527	122	248
Picardie	133	405	112	175
Ile de Fr.	144	367	121	141
Bourgogne	136	506	112	159
Centre	152	711	142	230
Aquitaine	135	553	120	224
Bretagne	137	920	121	294
Nord	143	408	122	153
Loire	156	600	134	224
Rhône-Alp	150	589	124	214
Languedoc	154	237	184	107

Source : J.C. TOUTAIN (1992), Tome 1, p.268 - 271

L'indice de croissance du produit agricole par hectare correspond à un indice moyen. Il lisse ainsi les différences de potentialités des terres cultivées et ne donne aucune indication sur le mode de culture intensive ou extensive des terres. Cependant il confirme les résultats issus de l'étude de l'indice de productivité par personne.

La croissance de la productivité par tête est beaucoup plus importante que celle de la productivité par hectare. Ce fait est dû à la baisse très rapide de la population agricole et à la mécanisation des exploitations. L'accélération de la productivité par hectare est notable (+ 95% entre 1962 et 1990 contre + 27% entre 1892 et 1929), phénomène explicable par l'utilisation plus intensive d'engrais chimiques et la sélection des semences qui deviennent plus résistantes et plus performantes.

Section 2 - Les échanges inter-régionaux

Au cours de ces siècles, les structures régionales de la production se sont fortement modifiées surtout à partir des années 1960. En 1840, huit provinces, sur vingt et une, assurent 50% de la production française agricole, à savoir : Rhône-Alpes, Midi-Pyrénées, Nord, Centre, pays de Loire, Bretagne, Aquitaine, Bourgogne. En 1990, deux régions ont perdu cette position forte, le Nord - dont l'activité agricole a fortement diminué au profit de l'industrie - et la Bourgogne. La Champagne entre en revanche dans le groupe des « sept » qui produisent plus de 53% de la production nationale.

Sur ces neuf régions qui totalisaient, en 1840, 54,1% du produit agricole, les concentrations du produit animal et du produit végétal étaient quasiment identiques. Ces mêmes régions voient leur produit final se transformer complètement avec un processus de spécialisation régionale. En effet, en 1988, trois régions détiennent à peu près 30% du produit végétal (le Centre, et la Champagne pour les céréales, la Champagne et l'Aquitaine pour le vin). Ce fait montre le renforcement du rôle des régions viticoles. Si la Loire et la Bourgogne sont ajoutées à ce premier ensemble, c'est 40% du produit végétal qui est fournit par ces cinq régions. La concentration du produit animal bénéficie à deux régions qui détiennent à elle seule 35% du produit animal. La Loire double en 150 ans sa part, alors que la Bretagne la triple. En ajoutant à ces deux régions, la Basse-Normandie (7,2%), le Rhône-Alpes (6,2%) et Midi-Pyrénées (6,4%), c'est plus de 55% du produit animal qui est fournit par ces cinq régions.

Tableau 8 :

Répartition de la production par région (en %)

	Produit final			Produit végétal			Produit animal		
	1840	1929	1988	1840	1929	1988	1840	1929	1988
1	6,8	7,1	5,8	6,6	6,6	5,3	7,2	7,7	6,2
2	6,8	7,4	6,2	7,5	6,9	5,8	5,3	7,8	6,4
3	6,8	4,9	5,5	5,5	5,3	4,1	9,0	4,6	4,2
4	6,1	7,1	9,3	6,2	6,5	4,9	5,9	7,1	14,1
5	6,0	7,6	7,4	6,9	9,0	9,5	4,3	4,9	5,0
6	6,2	6,8	7,0	6,1	7,2	10,1	6,2	6,5	3,4
7	5,7	6,6	11,5	5,8	5,8	2,7	6,2	7,9	21,4
8	5,4	4,3	4,5	5,5	4,2	5,3	5,2	4,4	3,7
9	4,3	3,3	6,0	4,0	3,4	9,4	4,7	3,1	2,1
total	54,1	55,1	63,2	54,1	54,9	57,1	54,0	54,0	66,5

1. Rhône-Alpes, 2. Midi-Pyrénées, 3. Nord, 4.Loire,
6. Centre 5. Aquitaine, 7. Bretagne,
8. Bourgogne, 9. Champagne.

Source : J.C. TOUTAIN (1992), Tome 1, p. 59-67-68.

Cette spécialisation croissante peut être étudiée plus finement à partir de deux produits, à savoir le vin (produit végétal) et le beurre/fromage (produit animal).

Pour le vin tout d'abord, que ce soit en quantités ou en valeur, on assiste à une concentration de la production. Alors qu'en 1804, 19 des 21 régions françaises produisaient du vin, en 1986, quatre régions produisent les trois quarts de la quantité produite en France - le Languedoc, la Provence, le Poitou et l'Aquitaine - et plus de 60% de la production en valeur - le Poitou produisant une quantité importante de vin destinée à la production de cognac, la valeur ajoutée profitant aux industries agricoles et alimentaires -. Il faut donc ajouter la valeur des champagnes et des vins de Bourgogne pour atteindre les trois quarts de la production nationale. Ainsi, comme le souligne J.C. TOUTAIN (1992), en 1804 et 1840, « les productions sont plus étalées sur le territoire et les différences de qualités sont moins sensibles ». La fin des droits de douanes entre les régions a permis une circulation plus importante des produits poussant à une spécialisation régionale, là où les provinces avaient un avantage comparatif dans certaines productions.

Tableau 9 :

La structure nationale de la production de vin en quantité et en valeur (en %)

Régions	Produit en quantité			Produit en valeur	
	1804	1840	1986	1840	1986
Champagne	5,5	4,9	2,6	5,9	13,6
Alsace	2,4	2,5	1,7	2,9	4,6
Poitou	9,1	11,7	15,5	8,5	7,0
Aquitaine	12,1	11,4	12,2	14,4	17,6
Rhône	7,1	5,9	5,3	7,9	7,7
Lanquedoc	9,1	14,0	37,3	9,5	19,5
Provence	5,5	7,4	10,1	7,5	9,1
Total	50,8	57,8	84,7	56,6	79,1

Source : J.C. TOUTAIN (1992), Tome 1, p. 105.

Cependant, « si peu de produits de luxe (dans l'agriculture) étaient produits dans le passé, aujourd'hui les produits de luxe sont présents en plus grande quantité et ont trouvé une clientèle plus étendue, les produits banals ont perdu leur diversité » (J.C. TOUTAIN, 1992). Pour la production animale, deux indicateurs peuvent nous donner des informations sur l'évolution de la spécialisation régionale : la viande et le beurre et fromage. En 1986, la Bretagne et la Loire produisent à elles deux 30% de la production nationale de viande. Si la Basse-Normandie, le Midi-Pyrénées et la Bourgogne sont ajoutées aux deux premières, leur production représente 50% de la production française. Celle-ci est donc très concentrée sur l'ouest du pays. Pour le beurre et le fromage, alors qu'en 1892, six régions produisaient les deux tiers du beurre, en 1986 trois régions suffisent pour réaliser 70% de la production nationale : la Basse-Normandie, la Loire, la Bretagne. Ces trois régions ne pesaient qu'un tiers du produit en 1892.

Tableau 10 :

Production de beurre et de fromage
en % du produit national

Région	Beurre		Fromage	
	1892	1986	1892	1986
Hte Normandie	5,5	4,8	3,0	9,6
Bse Normandie	12,8	20,6	6,0	11,4
Lorraine	3,2	0,8	5,4	11,4
Franche Comté	2,4	4,0	8,8	7,7
Loire	9,1	16,2	1,4	10,0
Bretagne	14,5	33,2	0,2	7,2
Rhône-Alpes	10,1	1,7	18,0	7,8
Total	57,6	81,3	42,8	70,3

Source : J.C. TOUTAIN (1992), Tome 1, p. 112.

Quel que soit le produit, il y a bien eu une spécialisation, et donc une concentration régionale, des productions au cours des deux derniers siècles que l'on peut relier à la suppression des droits de douanes internes et à l'accroissement de la circulation des produits puisque cette spécialisation s'est réalisée très rapidement dès le début du XIXe.

Section 3 - Les échanges internationaux de produits

« Certains historiens font très grand cas de l'accroissement des importations de céréales à partir de 1860, comme si ces importations avaient submergé le marché et ruiné l'agriculture » (J.C. TOUTAIN, 1992). Il faut dire que les importations nettes de blé sont multipliées par 30 des années 1840 aux années 1890 alors que la production nationale n'augmente que de 70%. Il reste que les importations de blé ne représentent que 12,5% de la production en 1890 (15 millions d'hectos par an sur les 120 millions produits). Les importations de céréales ont été massives, notamment pendant les années 1878-1884 et juste avant la Grande Guerre. L'arrêt du dynamisme de la production céréalière et agricole, après 1860, peut être relié à l'essoufflement démographique en France et au développement industriel qui a drainé des populations rurales. Mais ce ne sont pas les seules explications. Certaines régions, qui connaissaient de faibles rendements céréaliers, se réorientent vers des activités plus productives et donc plus rémunératrices. Il faut bien dire que les rendements céréaliers en France sont les plus faibles de l'Europe de l'ouest continentale, même si notre agriculture produit déjà 40% du blé européen. Bien loin de l'avoir stimulée, l'ouverture des marchés à la concurrence étrangère a freiné son développement. L'Europe, comme la France, sont fortement dépendantes des importations d'Amérique, de Russie ou encore d'Inde dont les prix des céréales sont nettement plus faibles.

Mais les importations céréalières ne représentent pas un poids important dans l'ensemble du produit agricole (4% sur la période 1835/1844, 9% sur la période 1845/1874, 12 à 14 de 1875 à 1894, et en 7% sur la période 1895/1913). Il reste que la France, du moins de 1789 à 1913, importe essentiellement des produits agricoles. Quant aux exportations, la part des produits agricoles reste faible, connaissant malgré tout des fluctuations amples. De 20% sur la première moitié du XIXe siècle, elle passe à 40% de 1870 à 1890 - période où la libéralisation des échanges stimule notre agriculture -, pour retomber ensuite à 30% en 1913 et à 20% de 1920 à 1938. Ainsi, il est clair que l'agriculture a toujours été concurrencée ou complétée par les apports extérieurs.

Tableau 11 :

Rapports entre les Importations ou Exportations agricoles et totales (en % et calculés sur les valeurs courantes)

Périodes	I.A. / I.T.	E.A. / E.T.
1781-1812	62	34
1815-1854	70	22
1855-1894	74	36
1895-1913	65	
1925-1938	55	22

Source : J.C. TOUTAIN (1992), Tome 1, p. 28.

Cette partie montre l'essor progressif de l'agriculture française du XIXe siècle au milieu du XXe. Il est important de noter que même s'il a été lent, il ne s'est pas fait sans crise, sans rupture, sans déséquilibre. Une réorientation du produit agricole s'est opérée sous le triple impact d'un renversement des prix relatifs des biens (produit animal / produit végétal), d'une amélioration constante du niveau de vie dans l'agriculture et d'une ouverture des marchés tout d'abord régionaux et ensuite internationaux. Sur ce dernier point, il convient de rappeler que les opportunités de croissance pour chacune des productions agricoles furent en fait fournies autant par le développement des voies de communication (chemins de fer, canaux, routes) que par celui des marchés locaux. « La croissance agricole des années 1840 - 1970 fut à la fois diversifiée régionalement dans la mesure où se dessinent des phénomènes de spécialisation, et équilibrée dans la mesure où les disparités des croissances régionales sont faibles » (F. CARON, 1995).

Tableau 12 :

Rapports entre les Importations ou Exportations agricoles et la production agricole (en % et en francs courants)

Périodes	I.A./P.A.F	E.A./P.A.F	I.N./P.A.F.	I.N./V.A.
1781-1790	9,3	4,4	4,9	-
1803-1812	4,7	3,0	1,7	-
1815-1824	5,2	2,7	2,5	-
1825-1834	6,8	2,3	4,5	-
1835-1844	10,1	3,0	7,2	7,5
1845-1854	11,5	4,8	6,8	7,1
1855-1864	18,3	8,2	10,1	11,0
1865-1874	24,3	12,4	11,9	13,4
1875-1884	33,9	14,6	19,3	22,4
1885-1894	35,2	14,7	20,5	24,0
1895-1904	30,7	15,2	15,5	18,0
1905-1913	35,5	16,3	19,2	21,8
1920-1924	41,9	14,4	27,5	31,8
1925-1934	35,4	11,5	23,9	28,3
1935-1938	25,2	7,3	17,9	22,0

I.A.: Importations agricoles P.A.F.: Produit agricole final

E.A.: Exportations agricoles V. A.: Valeur ajoutée brute

Source : J.C. TOUTAIN (1992), Tome 1, p. 29.

Cependant, en ce milieu de siècle, la polyculture à dominante céréalière reste la culture le plus courante, malgré un essor du fourrage artificiel et de la betterave sucrière qui viennent se substituer, notamment dans le Nord, à la jachère.

L'ouverture de l'économie aux échanges internationaux vient troubler la quiétude de l'agriculture française. Elle l'expose à des prix étrangers plus faibles venant de rendements plus élevés ou de coûts de production inférieurs. L'agriculture entre alors dans une période d'instabilité qui n'a été combattue que par un rétablissement du protectionnisme et une « administration » interne des prix de certains produits, en particulier des céréales. Cette nonchalance « protégée » se poursuivit jusque dans les années 1950.

Bibliographie succincte :

R. ALDRICH (1987), « Late-Comer or Early-Starter ? New Views on French Economic History », *The Journal of European Economic History*, 16(1).

J.C. ASSELIN (1984), *Histoire économique de la France*, 2 t., Points-Seuil.

T.S. AHSTON (1948), *The Industrial Revolution, 1760-1830*, Oxford.

J. BRASSEUL (1997), *Histoire des faits économiques : de l'antiquité à la révolution industrielle*, Armand Colin.

F. CARON (1995), *Histoire économique de la France XIXe et XXe siècles*, Armand Colin

M. GARDEN (1978), « Un procès : la Révolution agricole en France », in P. LEON, *Histoire économique et sociale du monde, 1500 à nos jours*, Armand Colin.

H. MENDRAS (1970), *La fin des paysans. Changement et innovations dans les sociétés rurales françaises*, Armand Colin.

H. MENDRAS (1976), *Les Sociétés paysannes*, Armand Colin.

M. MORINEAU (1985), *Pour une histoire économique vraie*, PUL.

W.H. NEWEL (1973), « The Agricultural Revolution in 19th Century France », *The Journal of Economic History*, 33.4.

P.K. O'BRIEN - C. KEYDER (1975), *Economic Growth in Britain and France 1780-1914 : two Paths to the Twentieth Century*, George Allen & Unwin.

J. PITIE (1971), *Exode rural et migration intérieure en France*, Poitier, Norois.

R. ROEHL (1976), « L'industrialisation française, une remise en cause », *Revue d'Histoire Economique et Sociale*, 54.3.

A. SOBOUL (1970), *La crise de l'Ancien Régime*, Arthaud.

J.C. TOUTAIN (1992), « La production agricole de la France de 1810 à 1990 : Départements et régions », Tome 1 : Croissance, productivité, structures, *Economies et Sociétés* Série Histoire Quantitative de l'Economie Française.

Partie II -

L'Europe verte :

la naissance de la P.A.C..

« L'âge d'or » de l'agriculture française

Introduction

Des balbutiements de l'Europe à l'Union Economique et Monétaire, la route a été longue et semée d'embûches. Très vite, l'élaboration d'une politique agricole européenne a été l'élément fondateur de la construction européenne. Les grandes étapes de celle-ci devront être tout d'abord retracées seront tout d'abord retracées, en mettant en avant leurs conséquences économiques, et notamment dans le domaine agricole (Chapitre I). La Politique Agricole Commune sera ensuite analysée. Les fondements de la P.A.C. sont définis à partir de ses objectifs parmi lesquels on doit retenir l'amélioration du niveau de vie des exploitants agricoles et l'élévation de la productivité de l'agriculture. La stabilisation des marchés a été réalisée par une organisation stricte de ceux-ci reposant sur la définition de prix indicatif et d'intervention. Mais très vite, les objectifs de production sont atteints. L'Europe devient autosuffisante dans bon nombre de produits et les stocks, notamment de beurre et de viande, accroissent très fortement le coût de la P.A.C. Les problèmes monétaires internationaux déstabilisent un peu plus le contexte socio-économique de l'agriculture au début des années 1970 (Chapitre II).

CHAPITRE I -

La construction

de l'Europe verte

La construction européenne sera d'abord analysée par ses fondements en dégageant un certain nombre d'atouts venant de son évolution, puis à partir de ses étapes majeures qui ont également marqué la construction de « l'Europe verte ».

Section 1 - Les fondements de la construction européenne

La volonté d'intégration économique entre les pays d'Europe de l'Ouest a connu sa première manifestation au tout début des années 50. L'idée d'un rapprochement des pays européens, et donc des peuples - même si elle est relativement ancienne -, a été affirmée dans le célèbre discours de Robert SCHUMAN du 9 mai 1950. Ainsi, plusieurs pays se sont associés en vue de créer la Communauté européenne. Certes, s'il y avait au départ la double volonté de garantir la paix en Europe et de redonner un poids économique aux différents pays face aux deux super-puissances régnant sur l'économie mondiale, la principale finalité économique était, à court et moyen termes, le renforcement de l'efficacité globale de l'appareil productif de la communauté européenne à la sortie de la guerre.

Six pays européens (France, Allemagne Fédérale, Italie, Luxembourg, Belgique et Pays-Bas) s'engagent alors dans une expérience d'intégration économique qui commence en 1951 par la signature d'un traité C.E.C.A. (Communauté Européenne du Charbon et de l'Acier), puis en 1957 par la signature du Traité de Rome créant la C.E.E. (Communauté Economique Européenne).

Quatre, voire cinq, degrés d'intégration sont habituellement distingués (B. BALASSA, 1962) :

1 - La zone de libre échange se caractérise par la suppression des droits de douane et des quotas d'importation entre les pays appartenant à la communauté. Ainsi la libre circulation des marchandises dans cet espace est assurée, mais les protections initiales respectives de chacun des pays vis-à-

vis du reste du monde sont toujours en vigueur. Le libre échange fait donc bénéficier les pays intégrant la zone, d'avantages issus de l'ouverture des frontières et de la concurrence internationale comme une plus grande spécialisation, des économies d'échelle liées notamment à la taille des marchés,...

2 - L'union douanière va plus loin par l'adoption d'une politique commerciale commune à tous les participants à la communauté envers le reste du monde. Cette politique commerciale repose essentiellement sur l'instauration d'un tarif douanier commun. Mais « si l'union douanière supprime les obstacles aux échanges entre les pays membres, elle renforce de fait la discrimination envers les pays tiers par l'instauration d'un tarif extérieur commun » (Ph. ROLLET, 1991). Ainsi l'union n'est pas une condition de rapprochement de la situation optimale de libre échange. En effet, elle entraîne des modifications dans les flux d'échange internationaux tout d'abord entre les pays de l'union et ensuite entre cette dernière et le reste du monde. De ce fait, il est aisé de distinguer deux effets (J. VINER, 1950) à savoir : les effets de création de trafic - traduisant la substitution de source d'approvisionnement en facteurs ou en produits par de nouvelles sources plus efficientes, c'est-à-dire à coûts de production plus bas -, et les effets de détournement de trafic - traduisant la substitution des sources anciennes par de nouvelles moins compétitives mais internes à l'union -.

Ainsi apparaissent des avantages et des inconvénients liés à l'union douanière. Il ressort principalement deux enseignements :

- Même si l'union douanière implique une réallocation des ressources productives et des changements dans les structures de production, il est clair que l'existence d'avantages et surtout de désavantages liés à l'union ne conduit pas forcément vers une situation optimale de libre échange.

- Une union est d'autant plus profitable que la protection douanière initiale est élevée - les importations des pays tiers restent faibles - et que les prix pratiqués dans l'union sont proches des prix des marchés mondiaux - favorisant ainsi les créations de trafic -. De même, l'union est profitable pour des pays relativement concurrents et jouant une place importante dans le commerce mondial, réduisant ainsi les effets de détournement de trafic.

C'est pourquoi, dès l'origine, la communauté européenne a choisi l'union douanière et très vite ses membres ont exprimé la volonté d'aller plus loin dans leur expérience d'intégration en anticipant sur le calendrier initialement prévu comme par exemple : la suppression des restrictions quantitatives entre les membres dès 1961, la suppression des droits de douane en 1968,... Mais devant les difficultés, notamment instabilités monétaires, élargissement de la communauté,.. le rythme s'est ensuite ralenti.

3 - Le marché commun est une forme d'organisation des échanges plus large que l'union douanière puisqu'au delà de la libre circulation des produits s'ajoutent la libre circulation des hommes à travers leur capital humain productif, la libre circulation des capitaux en effectuant certaines harmonisations fiscales et en éliminant le contrôle des changes, la liberté d'établissement sur l'ensemble du territoire du marché commun.

De nombreuses études (B. BALASSA, 1975 ; M. DAVENPORT, 1982 ; P.J. VERDOORN & A.N. SCHWARTZ, 1979 ; M.E. KREININ, 1972) ont montré les effets positifs de la mise en place du marché commun pour les différents partenaires. En effet, tous soulignent qu'à travers l'instauration du « grand marché unique », les effets de création de trafic l'ont emporté sur les effets de détournement. Cependant, il est très difficile de supposer ce qui aurait été, sans marché commun, pour chacun des pays membres. Mais force est de constater que la mise en place du marché commun s'est tout de suite accompagnée d'une intensification des échanges et d'une spécialisation intra-branche - c'est-à-dire au niveau de produits relativement homogènes et issus de processus de production comparables - au sein de la communauté.

B. BALASSA (1967, 1975) ou encore B. LASSUDRIE-DUCHÊNE et J.L. MUCHIELLI (1979) montrent que la spécialisation intra-branche s'est accentuée dans les années suivant l'instauration du marché commun et bien au-delà. Ainsi, les pays membres ont développé leurs exportations de façon semblable mais complémentaire à des niveaux très fins de l'activité économique. Ph. ROLLET (1979) souligne très nettement l'existence de phénomènes de spécialisation industrielle marqués au sein de la C.E.E. de 1962 à 1972. Ces phénomènes peuvent être à l'origine d'effets positifs tant au niveau de la demande de produits (élargissement de la gamme de produits sur le marché, baisse des prix des produits,...) qu'au niveau de l'offre (réallocation plus efficiente des ressources, économies d'échelle et gains de productivité,...).

4 - L'union économique et monétaire suppose, outre les grands principes du marché commun, l'harmonisation des politiques économiques. Au moment où l'Etat intervient massivement dans le fonctionnement de l'économie, il est important que tous les participants à la communauté aient des politiques coordonnées et harmonisées, voire qu'il y ait une unification du pouvoir de décision. L'avantage de l'harmonisation est de faire respecter les conditions de concurrence à l'intérieur de la communauté, conditions qui pourraient être remises en cause par des interventions étatiques dont l'objectif serait notamment d'influencer les choix des entreprises en leur faveur.

De plus, l'existence d'un marché unique rend très dépendantes les conjonctures des pays participants. Les politiques conjoncturelles (monétaire et budgétaire) deviennent alors, au niveau de chaque pays, beaucoup moins efficaces. C'est pourquoi, l'harmonisation de ces politiques est une condition d'une plus grande cohérence et d'une meilleure efficacité de celles-ci. Enfin, la forte instabilité des taux de changes, apparue au début des années 70, avec la quasi-disparition de fait du système monétaire international, affecte les politiques commerciales et d'investissement des différents participants à la communauté. La création du Système Monétaire Européen (S.M.E.) en 1979 peut être considéré comme le premier pas marquant l'objectif des Etats de la communauté européenne de se protéger de l'instabilité des taux de change. Le traité de Maastricht, signé le 7 février

1992, indique notamment la volonté d'une intégration monétaire plus poussée avec la mise en place d'une banque centrale européenne, d'une politique monétaire globale et d'une monnaie unique (C. BORDES, 1997).

La recherche de la stabilité monétaire a été un des objectifs du Traité de Rome qui imposait aux pays membres de coordonner leurs politiques économiques afin d'assurer la stabilité à long terme de leur monnaie et qui les incitait fortement à traiter leur politique de taux de change comme un problème d'intérêt commun. En effet, l'instabilité des taux de change freine les différentes transactions commerciales et financières (Cf. A. PRATE, 1991 ; M. LELART, 1994). Mais les années 70 sont marquées par une forte instabilité monétaire. En mai 1971, alors que les opérateurs internationaux spéculaient à la réévaluation du mark face au dollar, les pays de la communauté européenne ne prennent aucune position commune et soit laissent leur monnaie flotter (Allemagne, Pays-Bas), soit font fonctionner leur double marché des changes (Belgique, France). Après la suspension de la convertibilité du dollar en août 1971, amplifiant les perturbations sur le marché des changes, l'accord de Washington, en décembre 1971, limite les fluctuations de chaque monnaie autour du dollar dans un espace de ± 2,25% - permettant ainsi des fluctuations maximales entre les monnaies européennes de ± 9% -. Même si la réaction des pays européens membres ne s'est pas fait attendre (mise en place du serpent monétaire en mars 1972 avec des marges de fluctuations de ± 2,25%), le choc pétrolier et ses conséquences en termes d'inflation et de déséquilibres extérieurs annulent les efforts de ces pays. Seules quatre monnaies restent dans le serpent européen en décembre 1978, à savoir le mark, le florin, le franc belge et la couronne danoise. Ph. ROLLET et F. HUART (1995) en tirent trois enseignements : 1. L'instabilité monétaire peut affecter profondément le processus d'intégration ; 2. La recherche de la stabilité monétaire est une question de volonté politique ; 3. La stabilité monétaire assure une certaine convergence des résultats économiques.

La stabilité monétaire se justifie donc pleinement. Elle passe par la définition à la fois d'une zone monétaire optimale - zone dans laquelle il existe une très forte instabilité des monnaies ou une monnaie unique - et des critères de convergence assurant le bon fonctionnement et la pérennité de cette zone. La théorie des zones monétaires optimales met en évidence un certain nombre de critères dits structurels visant à limiter les inconvénients de l'abandon de la politique du taux de change. Les critères, tels que la mobilité du travail, la flexibilité des salaires et des prix ainsi que l'ouverture sur l'extérieur, définis par R. MUNDELL (1961) et R. Mc KINNON (1963) doivent être complétés par des critères d'intégration fiscale et financière et des caractéristiques de l'appareil productif (Cf. Ph. ROLLET, F. HUART, 1997). De même se pose le problème de convergence qui conduit à définir les déterminants à court et à plus long termes du taux de change. La recherche de la stabilité monétaire impose alors deux contraintes : 1. une contrainte de cohérence des évolutions macro-économiques et sectorielles entre les pays membres, 2. une contrainte de cohérence des politiques économiques aux niveaux national et communautaire d'une part, et de ces politiques par rapport aux principaux objectifs de l'intégration économique d'autre part. Mais il est certain qu'une unification monétaire passe surtout par une volonté commune, c'est-à-dire des « préférences homogènes » (H. BOURGUINAT, 1992) d'inflation, de croissance, de réduction du chômage et de politique sociale. Cette volonté s'inscrit dans la perpective d'une amélioration de l'efficacité des économies européennes. L'unification monétaire doit renforcer l'unification des marchés et relancer la croissance et l'emploi.

5 - L'union politique est la phase ultime de l'intégration. Toute décision politique, au sens large, sera alors prise au niveau européen. Chaque pays, constituant la communauté, devient alors un Etat fédéré. L'idée d'une union politique est déjà vieille. Le mémorandum Briand du 17 mai 1930 sur l'organisation d'un régime d'union fédérale européenne définissait cette dernière comme « une fédération fondée sur l'idée d'union et non d'unité, c'est-à-dire assez souple pour respecter l'indépendance et la souveraineté nationale de

chacun des Etats, tout en leur assurant à tous le bénéfice de la solidarité collective pour le règlement des questions politiques intéressant le sort de la communauté européenne ou celui d'un de ses membres ». La première initiative d'union politique se situe dans la foulée de la C.E.D. (Communauté Européenne de Défense) datant du 27 mai 1952. Le 5 septembre 1960, le Général de Gaulle expose sa vision de l'unification européenne. Elle s'articule autour d'une distinction fondamentale entre d'une part, « l'établissement d'organismes plus ou moins extra ou supranationaux ayant leur valeur technique » et ne pouvant « avoir d'autorité et d'efficacité politique », et d'autre part, la mise en place « d'un concert organisé, régulier des gouvernements responsables, et puis le travail d'organismes spécialisés dans chacun des domaines communs et subordonnés aux gouvernements ». Il oppose donc l'Europe des interdépendances et l'Europe des Etats. En juillet 1961, les six chefs d'Etat et de gouvernement chargent une commission, présidée par C. Fouchet, de « donner forme à la volonté d'union politique déjà implicite dans les traités instituant les communautés ». La France présente alors un projet d'union des Etats, compétente en matière de politique étrangère commune, de défense et de coopération dans le domaine de la science et de la culture. Elle devait fonctionner sur un mode intergouvernementale. Mais l'idée est rejetée par les partenaires. Cependant l'idée resurgit régulièrement en décembre 1969 à la conférence de la Haye, au sommet de Paris en 1972 - où la notion d'union européenne est avancée - . Le préambule de l'Acte Unique réaffirme la volonté de créer à terme une union européenne (Cf., sur ces différentes étapes, Ph. MOREAU DEFARGES, 1995). Ce n'est en fait que le Traité de Maastricht qui institue l'union européenne tout en restant très évasif sur sa finalité ultime. Si dans les projets initiaux, il était question d'une « union à vocation fédérale », l'opposition du Royaume-Uni, à cette idée, a conduit à parler « d'une union sans cesse plus étroite entre les peuples d'Europe.

Cependant, toute action portant même sur des domaines « techniques » (charbon acier, agriculture,..) est un processus politique d'unification européenne. Les finalités sont de promouvoir entre les Etats de nouveaux rapports, fondés sur la multiplication des interdépendances, voire de dépasser les Etats-nations à partir d'une double dimension politique. Tout d'abord par sa dimension interne, l'union politique doit conduire à l'édification d'une légitimité européenne spécifique (Parlement, voire gouvernement européen), et ensuite par sa dimension externe, puisqu'elle renforce l'identité européenne dans le contexte international (politiques industrielles, sociales,..., et bien entendu la monnaie unique). Ainsi l'union européenne est d'ores et déjà une Europe fédérale; « Avec une commission supranationale qui propose et exécute, un collège des Etats qui statue à la majorité qualifiée, un parlement multinational fortement associé au pouvoir législatif et budgétaire, une cour de justice supranationale et bientôt une banque centrale indépendante, que faut-il encore de plus pour parler de système fédéral ? » (J.L. BOURLANGES, 1997).

Encadré 1 :

Objectifs et moyens définis par le Traité de Rome

Il est dit dans le préambule et dans l'article 2 du traité de Rome que : « La Communauté a pour mission, par l'établissement d'un marché commun et par le rapprochement progressif des politiques économiques des Etats membres, de promouvoir un développement harmonieux des activités économiques dans l'ensemble de la Communauté, une expansion continue et équilibrée, une stabilité accrue, un relèvement accéléré du niveau de vie et des relations plus étroites entre les Etats qu'elle réunit ».

A ces fins, le Traité de Rome définis des moyens (cf. article 3) :

« Aux fins énoncés à l'article précédent, l'action de la Communauté comporte, dans des conditions et selon les rythmes prévus par le présent traité :

- l'élimination, entre les Etats membres, des droits de douane et des restrictions quantitatives à l'entrée et à la sortie des marchandises, ainsi que de toutes autres mesures d'effet équivalent,

- l'établissement d'un tarif douanier commun et d'une politique commerciale commune envers les pays tiers,

- l'abolition entre les Etats membres, des obstacles à la libre circulation des personnes, des services et des capitaux,

- l'instauration d'une politique commune dans le domaine de l'agriculture,

- l'instauration d'une politique commune dans le domaine des transports,

- l'établissement d'un régime assurant que la concurrence n'est pas faussée dans le marché commun,

- l'application de procédures permettant de coordonner les politiques économiques des Etats membres et de parer aux déséquilibres dans leurs balances des paiements,

- le rapprochement des législations nationales dans la mesure nécessaire au fonctionnement du marché commun,

- la création d'un fonds social européen, en vue d'améliorer les possibilités d'emploi des travailleurs et de contribuer au relèvement de leur niveau de vie,

- l'institution d'une Banque européenne d'investissement, destinée à faciliter l'expansion économique de la Communauté par la création de ressources nouvelles,

- l'association des pays et territoires d'outre-mer, en vue d'accroître les échanges et de poursuivre en commun l'effort de développement économique et social. »

Le projet de construction européenne, à partir du Traité de Rome, était ambitieux puisqu'il visait déjà au moins l'union économique par l'harmonisation des politiques des Etats membres, voire l'élaboration de politiques communes dans les domaines suivants : agriculture, transports, commerce extérieur.

Section 2 - Les étapes de la construction européenne et de « l'Europe verte »

Le 9 mai 1950, Robert SCHUMAN propose de mettre en commun la production et la consommation de charbon et d'acier de la France et de l'Allemagne, sous la direction d'une institution européenne. Cette date marque le point de départ de la Communauté économique. En effet, c'est un peu moins d'un an plus tard (18 avril 1951) que le Traité de Paris crée la C.E.C.A.. Cependant , il faut attendre le 25 mars 1957 et la signature du Traité de Rome pour voir naître la C.E.E. et l'EURATOM.

Le 1er janvier 1958 entre en vigueur le Traité de Rome. Durant la même année, les principes de la Politique Agricole Commune (P.A.C.) sont fixés à la conférence de Stressa. Il s'ensuit en 1959, un abaissement des droits de douanes internes à la C.E.E. sur les produits agricoles de 10%, et en 1960, l'adoption d'un tarif douanier commun pour les échanges avec les pays tiers.

Alors qu'en 1961-62, des pays tels que le Royaume-Uni, le Danemark, l'Irlande et la Norvège, font leur demande d'adhésion à la C.E.E., il est créé le F.E.O.G.A. (Fonds Européen d'Orientation et de Garantie Agricole) et les premières organisations de marché agricole, notamment des céréales en 1964. La P.A.C. était entrée en vigueur dès 1962.

En 1963 intervient un premier temps d'arrêt à la construction européenne puisque les négociations pour l'entrée des quatre pays, cités ci-dessus, sont suspendues, et dès 1965, éclate une première crise s'illustrant par la politique de la « chaise vide » de la France qui se termine par le compromis de Luxembourg en 1966.

Le 1er juillet 1968, l'union douanière est réalisée. Mais le « Mémorandum MANSHOLT » proposé par la commission afin de réduire les dépenses agricoles est rejeté sous la pression des agriculteurs.

L'Europe rentre alors dans une phase de turbulences monétaires mondiales. En décembre 1969, le sommet de La

Haye est caractérisé par des déclarations communes sur la politique monétaire ; la dévaluation du dollar et la décision de NIXON, déclarant la fin du système monétaire international, obligent la C.E.E. à prendre en main son avenir. En 1972 est créé le Serpent Monétaire Européen. La C.E.E. s'élargit en 1973 au Royaume-Uni, à l'Irlande et au Danemark (l'Europe des neuf). Mais le premier choc pétrolier (le prix du pétrole quadruple) et les tensions inflationnistes mondiales très fortes menacent l'organisation communautaire dans ses fondements (à travers la P.A.C. par exemple). Il faut attendre décembre 1978 pour qu'un Système Monétaire Européen (S.M.E.) soit mis en place entrant en vigueur le 10 mars 1979.

La construction européenne se poursuit alors sur des bases plus solides. La Grèce entre le 1er janvier 1981 (l'Europe des dix) et l'Espagne et le Portugal rejoignent la communauté le 1er janvier 1986 (l'Europe des douze). L'Acte Unique Européen est signé le 28 février 1986 et rentre en vigueur le 1er juillet 1987. Mais les dépenses agricoles apparaissent vite comme une charge intolérable (voire l'unique charge) pour l'Europe, et au Conseil Européen de Bruxelles, les douze pays membres adoptent une réforme du financement de la communauté dans laquelle est intégrée une limitation des dépenses agricoles.

En 1990, s'ouvrent des conférences intergouvernementales sur l'union économique et monétaire et sur l'union politique, étape ultime de l'intégration. En 1991, le Conseil Européen donne son accord sur le projet de Traité de Maastricht et la commission adopte un rapport sur l'avenir de la P.A.C. qui éloigne les objectifs de la nouvelle P.A.C. de ceux qui avaient été initialement définis. Des accords européens sont, dans la même année signés avec la Pologne, la Hongrie et la Tchécoslovaquie. 1992 est marquée par la signature du Traité de Maastricht et du « pré-accord de Blair-House » à Washington. La réforme de la P.A.C. est adoptée également en 1992. Le 1er novembre 1993, le Traité de Maastricht rentre en vigueur. Mais l'Europe cède du terrain aux Etats-Unis par la signature de l'accord agricole de Bruxelles le 6 décembre 1993 et par l'accord global du cycle « Uruguay Round » du G.A.T.T. le 15 décembre 1993 à Genève. Ces deux accords concrétisent le déclin du système de soutien des prix en limitant les possibilités de protection et de subventions à l'agriculture dans des activités d'exportation.

Encadré 2 :

Les Institutions de la Communauté

Quatre institutions sont à la base du fonctionnement de la Communauté :

- La Commission des Communautés Européennes : selon l'article 155 du Traité de Rome, « En vue d'assurer le fonctionnement et le développement du marché commun, la Commission veille à l'application des dispositions du présent Traité ainsi que des dispositions prises par les institutions en vertu de celui-ci ; formule des recommandations ou des avis sur les matières qui font l'objet du présent Traité, si celui-ci le prévoit expressément ou si elle l'estime nécessaire ; dispose d'un pouvoir de décision propre et participe à la formation des actes du Conseil et de l'Assemblée dans les conditions prévues au présent Traité ; exerce les compétences que le Conseil lui confère pour l'exécution des règles qu'il établit ». Son rôle est avant tout de formuler des propositions et de mettre en oeuvre les décisions du Conseil. Ainsi la seule politique agricole conduit la Commission, à partir de la Direction Générale n°6 (D.G.6), à arrêter plus de 2000 règlements par an.

- Le Conseil des Ministres a un statut défini par les articles 145 et 146 du Traité de Rome : « En vue d'assurer la réalisation des objets fixés par le présent Traité et dans les conditions prévues par celui-ci, le Conseil assure la coordination des politiques économiques générales des Etats membres ; dispose d'un pouvoir de décision » (Art.145). « Le Conseil est formé par les représentants des Etats membres. Chaque gouvernement y délègue un de ses membres. La présidence est exercée à tour de rôle par chaque membre du Conseil pour une durée de six mois » (Art.146). Le Conseil est donc l'organe décisionnel de la Communauté dans tous les domaines, et notamment l'agriculture. Dans ce domaine, le Conseil des

Ministres est donc composé des ministres de l'agriculture des différents Etats membres.

- Le Conseil des Chefs d'Etat et de Gouvernement dont l'objectif est double : tout d'abord, prendre position sur les grands problèmes mondiaux et harmoniser leurs points de vue, et ensuite prendre les décisions les plus importantes concernant l'avenir de l'Union. Les réunions (ou sommets) sont bi-annuelles.

- Le Parlement européen, élu au suffrage universel depuis 1979, a un double rôle : consultatif tout d'abord puisque la Commission est tenue de demander l'avis du Parlement sur les différentes propositions de décisions qu'elle envoie au Conseil, -le Parlement peut même contraindre la Commission à démissionner par un vote de censure- ; budgétaire ensuite puisque le Parlement doit approuver le budget de la Communauté afin qu'il puisse être mis en oeuvre.

Mais d'autres organes complètent les institutions fondamentales :

- La Cour de Justice qui, dans une Communauté de droit, est chargée d'assurer le respect du droit dans l'interprétation et l'application des traités mais aussi de vérifier la bonne application des décisions communautaires et d'arbitrer en cas de litiges.
- Le Comité économique et social, composé de représentants de la vie économique et sociale, est chargé de donner des informations sur l'opinion des agents économiques et sur leurs demandes.
- Le Comité monétaire et le Comité de politique économique où siègent les hauts fonctionnaires en charge de la politique économique, notamment conjoncturelle - monétaire et budgétaire -, dans les différents pays membres.
- La Cour des Comptes contrôle les dépenses et les recettes de la Communauté.

CHAPITRE II-

La P.A.C.

et l'organisation des marchés

En 1949, P. HALLÉ, alors premier directeur de l'Association des Producteurs de blé disait devant le congrès de la Confédération Européenne de l'Agriculture (C.E.A.) : "On ne construira pas l'Europe sans les paysans". Ainsi, le monde agricole s'est très rapidement associé à la construction européenne et la politique agricole commune a été étroitement imbriquée dans la politique de construction de l'Union. En 1952, la création du "Pool vert" donnait un cadre à une Europe agricole. Mais il se concrétisa par un échec, laissant envisager un coup d'arrêt à la construction européenne. L'Europe agricole était apparemment difficile à réaliser au début des années 50 pour deux raisons. Tout d'abord, les politiques agricoles des différents pays européens étaient assez diverses à la fois dans leur contenu et dans leurs modalités d'application et par conséquent difficiles à harmoniser. Ensuite, les situations agricoles étaient extrêmement hétérogènes entre les pays du sud de l'Europe et les pays du nord. Dans les premiers par exemple, l'agriculture employait encore une très forte proportion de la population active (30% en Italie, 20% en France) sur de petites exploitations. Cependant, les fondateurs de l'Europe agricole ont clairement tranché. Ainsi, le Traité de Rome inclut l'agriculture dans le marché commun. La Conférence de Stresa en juillet 1958 jette les grands principes du marché commun agricole. Mais ce n'est qu'en 1962 qu'interviennent les premiers règlements agricoles. Parallèlement, apparaissent en France les premières surproductions qui doivent être gérées par les pouvoirs publics. M. DEBRE, alors premier ministre, propose au parlement les lois d'orientation agricole, dont l'objectif est de définir une politique agricole française, qui plus tard devront s'effacer devant la politique agricole commune (P.A.C.).

L'objectif de ce chapitre est triple; tout d'abord, la P.A.C. se doit d'être présentée au travers de ses objectifs, pour ensuite être analysée à partir des mécanismes qu'elle suppose, et enfin les résultats auxquels elle a conduit.

Section I - Les fondements de la P.A.C.

La P.A.C. s'appuie sur quelques objectifs fondamentaux qui ont façonné le fonctionnement des marchés agricoles.

§1 - Les objectifs de la P.A.C.

Définie par les articles 38 à 47 du Traité de Rome, la P.A.C. devait remplir cinq objectifs fondamentaux. L'article 39 indique que :

« la politique agricole commune a pour but :

- d'accroître la productivité de l'agriculture en développant le progrès technique, en assurant le développement rationnel de la production agricole ainsi qu'un emploi optimal des facteurs de production, notamment de la main d'oeuvre;

- d'assurer ainsi un niveau de vie équitable à la population agricole, notamment par le relèvement du revenu individuel de ceux qui travaillent dans l'agriculture;

- de stabiliser les marchés;

- de garantir la sécurité des approvisionnements;

- d'assurer des prix raisonnables dans les livraisons aux consommateurs. »

Afin que ces cinq objectifs soient pleinement réalisés, l'article 40 du Traité prévoyait une organisation commune des marchés agricoles répondant à quatre principes.

§ 2 - Les principes de la P.A.C.

Le premier principe est la libre circulation des produits agricoles au sein de l'Union Européenne. Ce principe nécessite la suppression progressive des entraves à la libre circulation des produits (droits de douane, taxes, quotas,...). Il a été, du moins dans un premier temps, bénéfique à l'agriculture française en étant accompagné d'une forte croissance des échanges entre les pays de l'Union.

Le deuxième principe est l'unicité des prix des produits, résultat du libre échange. Cependant, le système de prix unique a été défini de façon à répondre aux cinq objectifs du traité de Rome et surtout au deuxième à savoir assurer un niveau de vie équitable aux agriculteurs.

Le troisième principe consiste en la préférence communautaire et en la constitution d'un tarif extérieur commun autour de l'Union. A l'importation, aucune restriction quantitative n'est instaurée initialement. Mais les produits des pays tiers ne peuvent entrer qu'à un prix tel que l'offre domestique reste compétitive. Ainsi, les biens importés sont frappés d'un droit égal à la différence entre les prix du marché mondial et les prix intérieurs. Les prix des biens domestiques et de ceux de l'extérieur étant les mêmes, les pays membres ne trouvent plus d'intérêt à s'approvisionner à l'extérieur. Cette protection, vis-à-vis des importations à bas prix hors communauté, est un élément important dans la réalisation des objectifs fixés par l'Union européenne. A l'exportation, les produits agricoles de la communauté bénéficient d'aides à l'exportation, appelées restitutions, de façon à ce que leur prix soit proche des prix mondiaux.

Encadré 3 :

Le mécanisme des prélèvements et des restitutions pour le blé

Exemple : Si un produit communautaire coûte 100, alors que sa valeur est de 80 sur le marché mondial. A l'exportation, la restitution doit être égale à 20 pour qu'il soit compétitif. Le droit à l'importation (prélèvement) est du même montant de façon à ce que la préférence communautaire soit respectée. Cependant si le prix du bien domestique est supérieur au prix défini comme objectif par la communauté, le prélèvement peut être plus faible, voire supprimé, dans le double but d'encourager les importations et de réduire les prix sur le marché intérieur. Toutefois, le prélèvement est égal à la différence entre le prix du produit à l'entrée de l'union et à un « prix de seuil » (1) qui est fixé de telle façon que le prix de vente de ce produit soit proche du prix d'objectif compte tenu des frais de transport et d'assurance. Si le prix indicatif est de 100 et que le prix de seuil est de 95 ; lorsque le prix d'entrée du produit est de 70 alors le prélèvement s'élève à 25.

* A l'importation :

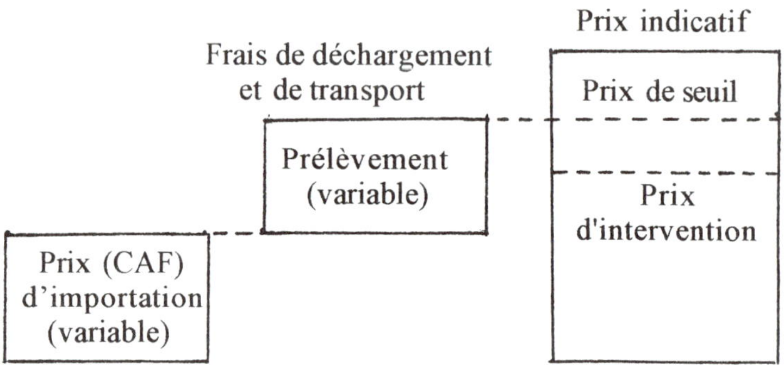

* A l'exportation :

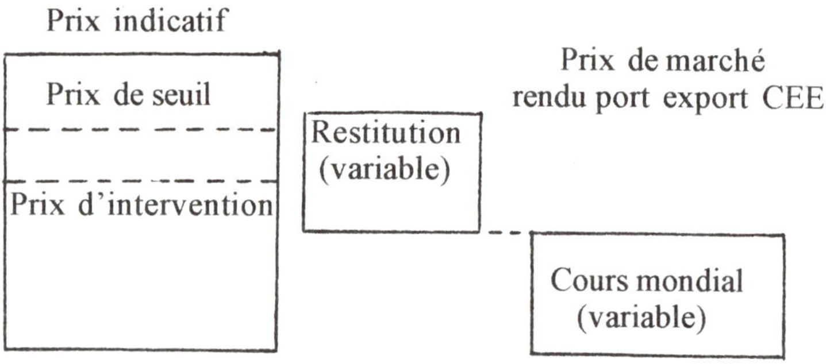

(1) Un prix de seuil (jusqu'en 1994) ou prix d'entrée à la frontière (Prix d'importation, accord GATT 1993) est égal à la somme de 4 éléments : prix de référence mondial + équivalent tarifaire + droit de douane normal + droit de douane additionnel. L'équivalent tarifaire est un droit de douane fixe résultant de la transformation du prélèvement variable à l'importation et appliqué par produit.
Le prix de seuil existe pour les céréales et les produits laitiers. Il s'identifie au prix d'écluse pour la viande porcine et ovine ou au prix de référence lorsqu'il s'agit de fruit et de légumes.

Enfin, le quatrième principe implique la responsabilité financière commune. Cette solidarité suppose qu'à partir du moment où les trois premiers principes - nécessitant des dépenses communes - sont acceptés, les ressources permettant leur application doivent être aussi d'origine européenne. La solidarité financière s'exerce par l'intermédiaire du F.E.O.G.A. (Fonds Européen d'Orientation et de Garantie Agricole). Il est à noter également que l'application du principe de préférence communautaire suppose que les prélèvements perçus sur les importations à la frontière de la communauté constituent une ressource propre de celle-ci. Ainsi les règlements relatifs au financement de la politique agricole commune visent trois objectifs, à savoir : 1. Ils instituent un Fonds ; 2. Ils mettent en évidence une responsabilité communautaire ; 3. Ils posent le principe de l'affectation communautaire des prélèvements et des droits de douane.

Section 2 - Le fonctionnement des marchés agricoles

Ces principes étant établis, toutes les productions agricoles ont été progressivement soumises à l'organisation des marchés qui peut revêtir deux formes opposées. La première forme affirme que le prix de vente des produits agricoles doit assurer l'essentiel de la rémunération des agriculteurs. Il doit donc tenir compte des coûts de production. Cette politique de prix "vrais" a été constamment appliquée par la France, depuis les lois d'orientation du début des années 60. A l'opposé, la deuxième forme consiste à subventionner l'agriculture de façon à ce que celle-ci puisse vendre, temporairement ou de manière permanente ses produits à un prix inférieur à ses coûts de production. Le niveau de vie des agriculteurs dépend donc d'une aide directe de l'Etat appelée "paiement compensatoire" (deficiency payment). Cette politique existe depuis bien longtemps en Grande-Bretagne, notamment dans ses transactions à l'intérieur du Commonwealth, mais également aux Etats-Unis qui pratiquent, pour leurs produits agricoles, une véritable politique de "dumping".

Même si les deux organisations de marché coexistent dans la politique agricole commune, les règlements de marché ont été établis à partir d'un système de prix "vrais" (il faut entendre derrière ces termes de "prix vrais", des prix tenant compte des coûts réels de production c'est-à-dire hors subventions de l'Etat). Pour ce faire, divers mécanismes ont été institués. Le premier est la détermination d'un prix indicatif pour le marché. En vertu des objectifs de la P.A.C. et notamment de l'unicité des prix dans l'Union, le conseil des ministres de l'agriculture des pays membres fixe, chaque année et pour un produit déterminé, un prix indicatif (dit encore d'orientation ou d'objectif), prix théorique auquel le fonctionnement normal du marché doit aboutir. Mais ce mécanisme n'est pas suffisant. En effet, le prix de marché n'est pas contraint à la baisse, en cas de surproduction notamment, et peut descendre en dessous du prix indicatif. C'est pourquoi le conseil des ministres fixe en plus, un prix d'intervention qui représente un certain pourcentage du prix indicatif (85 à 90% en moyenne). Ce prix garanti suppose l'intervention sur les marchés agricoles d'organismes publics par l'achat de quantités qui ne peuvent être vendues à un prix supérieur au prix garanti. Les organismes publics stockent alors les produits concernés pour les revendre ensuite en conjoncture plus favorable, voire les détruisent.

Cependant pour garantir ce prix, la Communauté doit se protéger d'importations, hors de l'Union, de produits agricoles dont le prix serait inférieur au prix communautaire. Cette contrainte s'exerce par le biais d'un prélèvement. Ainsi, le prix du produit importé sera au moins égal au prix indicatif, ce qui assure l'efficacité du principe de la préférence communautaire. Un mécanisme similaire existe à l'exportation puisque les prix européens sont fixés en fonction des coûts réels de production et, par conséquent souvent, à un niveau supérieur aux cours mondiaux. Aussi, si l'Europe veut exporter ses excédents, elle doit donc subventionner ses exportations en accordant une aide (restitution).

Encadré 4 :

Le mécanisme de garantie

Schématisation du mécanisme :

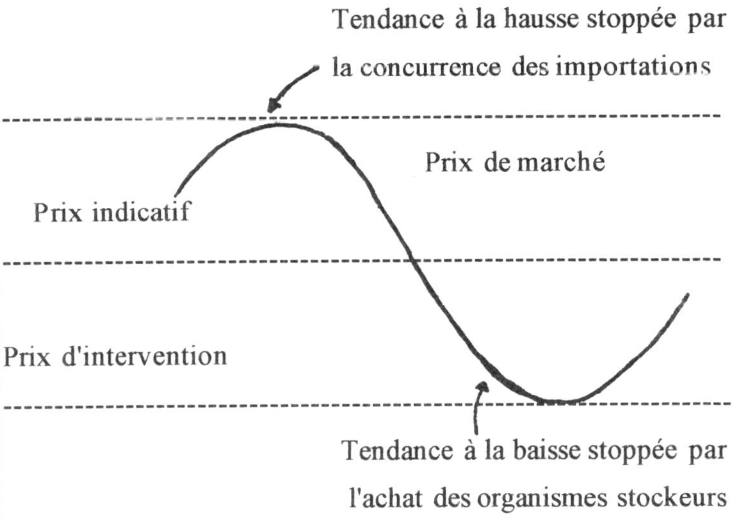

Source : L. BOURGEOIS,1993.

Cette mécanique simple et apparamment sans faille, appliquée pour les céréales, les produits laitiers ou encore la viande bovine a pourtant subi de nombreuses adaptations en fonction du type de produits. Par exemple, l'organisation des marchés des oléagineux et des protéagineux s'apparente davantage à une politique anglo-saxonne d'aide à la production. De même, le marché du sucre est réglementé à l'aide de quotas de production. Cette mécanique suppose également une surveillance stricte des marchés et l'existence d'organismes d'intervention et de financement de la politique agricole. En ce qui concerne ce dernier élément, le financement de la P.A.C. est fondé sur le principe de la solidarité financière entre les pays membres de l'Union, sur la présence d'un instrument unique de financement (le FEOGA) et sur une gestion décentralisée des paiements (office par produit en France). Le FEOGA est devenu, depuis l'acceptation en 1971 du principe de solidarité financière entre les états membres, l'unique instrument financier de la politique agricole puisqu'il est chargé à la fois du financement des dépenses liées au fonctionnement des organisations de marché -section "garantie"- et du financement des efforts d'amélioration des structures de production agricole -section "orientation"-.

Encadré 5 :

Organisation des marchés

Tous les marchés agricoles ne fonctionnent pas de la même façon. Même si, sur certains marchés, un mécanisme d'intervention à la française subsiste, sur d'autres marchés, la logique anglo-saxonne est prédominante - les prix se fixant librement en fonction de l'offre et de la demande et souvent à un niveau inférieur aux coût de production -. La réforme de la P.A.C., le 21 mai 1992, confirme cette logique et conduit à financer par une aide directe la production, notamment d'oléagineux et de protéagineux. De même, certaines productions, en particulier les productions hors sol, ne bénéficient que d'interventions très limitées. Enfin, le règlement « sucre » assure une organisation de marché à base de quotas. Initialement trois types d'organisation de marché étaient opposées :

1. Les céréales : le prix d'intervention est absolument garanti grâce à une action permanente des organismes nationaux d'intervention. La protection est forte, les importations ne viennent pas perturber le marché.

2. La viande bovine : l'intervention n'est que facultative. Seule une crise grave sur le marché peut déclencher une action des autorités communautaires. La protection aux frontières est variable selon le rapport entre le prix de marché et le prix d'orientation. Ainsi, le prélèvement est progressivement supprimé si le prix du marché est supérieur au prix d'orientation.

3. Les fruits et les légumes dont l'organisation des marchés a toujours été la plus embryonnaire. Seules des possibilités de retrait de marchandises du marché existaient lorsque le prix était inférieur au prix de base. La protection aux frontières est quasi-inexistante.

Malgré les nombreuses critiques adressées actuellement à la P.A.C., il faut reconnaitre que les objectifs fixés par le Traité de Rome ont été largement atteints. L'Europe, grâce aux gains de productivité, est passée d'une situation de déficit alimentaire à une position largement excédentaire. Les revenus agricoles ont progressé rapidement, du moins jusqu'en 1973. De même, les prix à la consommation sont restés à l'abri des fluctuations mondiales importantes qui ont touché les marchés du sucre en 1975 ou des céréales en 1974 et 1975.

Section 3 - Les années fastes annonciatrices de problèmes

Dans la première décennie qui suivit la signature du Traité de Rome, seule la france a amélioré son degré d'autosuffisance dans bon nombre de produits agricoles (J.C. CLAVEL, 1969). Les autres pays de l'Union européenne (Allemagne fédérale, Pays-Bas,...) restent fortement déficitaires. Ainsi, lorsque la politique agricole commune se met en place, la France apparaît comme un pays « leader » en ce domaine. Les échanges de produits agricoles progressent très nettement, aussi bien à l'intérieur de l'Europe qu'avec les pays tiers jusqu'à la fin des années 70. Au début des années 70, suite à une mauvaise récolte aux Etats Unis et à des achats massifs de la part de l'U.R.S.S., les cours des céréales, du sucre et des oléagineux montèrent très rapidement à un tel point que la Communauté dût appliquer des taxes à l'exportation de ces produits de façon à ce qu'elle n'en soit pas démunie. Sur la deuxième moitié des années 70, le commerce extérieur des produits agricoles a connu une croissance remarquable grâce aux achats croissants de l'U.R.S.S., des pays pétroliers et des nouveaux pays industrialisés. Les exportations de céréales, de viande bovine et d'oléagineux ont plus que doublé. Cette vitalité du commerce extérieur et donc de la production agricole commune s'explique par deux raisons essentielles. La première vient du fait que ce sont souvent les prix les plus élevés des produits dans l'Union qui ont servi de référence pour la fixation des prix garantis. Il en a résulté une augmentation très rapide du revenu des agriculteurs, les incitant à produire davantage. De 1969 à 1971, le revenu réel des agriculteurs français a progressé de 25%. La deuxième raison correspond à l'extension progressive des garanties à bon nombre de produits agricoles. Par exemple, J. CHIRAC obtient même en 1971, alors qu'il était ministre de l'agriculture, une garantie de prix appuyée sur des mécanismes d'intervention permanente pour la viande bovine. L'agriculture française est en quelque sorte "dopée" et en 1970, un excédent de 5 milliards de francs apparaît dans nos échanges extérieurs. Mais déjà les problèmes s'accumulent, à savoir : des excédents de plus en plus importants et la gestion des montants compensatoires monétaires.

§ 1 - Excédents agricoles et élargissement de l'Europe

L'apparition d'importants excédents agricoles conduit à des interventions croissantes des pouvoirs publics et en conséquence à des dépenses communes croissantes de soutien des prix. Le premier à mettre l'accent sur ce problème est M. MANSHOLT qui appartenait alors à la commission européenne de l'agriculture. En 1968, il écrit : "ce sont surtout les excédents qui, étant données les garanties de prix à la production prévues par de nombreuses organisations communes de marché ont entrainé pour les pouvoirs publics un occasionnement de charges financières destinées à soutenir les marchés." De 1960 à 1968, ces charges ont été multipliées par quatre. Cependant, les problèmes agricoles sont plus profonds et peuvent être qualifiés de "problèmes de Société". Les conclusions de M. MANSHOLT vont être lourdes de conséquences sur la structure agricole. Il soulignait que "si l'on veut, en une dizaine d'années, rattraper le retard de l'agriculture en ce qui concerne le niveau de vie, il faut que le taux annuel de diminution de la population agricole actuelle soit notablement accéléré". Il estimait encore que "80% des exploitations sont à coup sûr trop petites pour occuper rationnellement un homme". Non seulement il était donc nécessaire de transformer la structure de production de l'agriculture mais il fallait également "procéder à une transformation fondamentale des structures agricoles afin d'encourager ainsi à l'intégration de l'agriculture dans l'économie générale".

Mais le débat avec les dirigeants agricoles ne porta que sur une partie des propositions de M. MANSHOLT concernant la proposition de réduction des surfaces cultivées, proposition confirmée en France par le rapport VEDEL. Il fallut attendre le 23 avril 1972 pour que des directives assez larges soient proposées. Elles concernaient la modernisation des exploitations agricoles, l'encouragement à la cessation de l'activité agricole et à l'amélioration des structures, l'information et la formation des agriculteurs. Mais ces problèmes n'étaient pas résolus pour autant. Les stocks de produits comme le beurre, le blé ou encore la viande sont très importants. En 1972, 200 000 tonnes de beurre sont vendues à l'U.R.S.S. à un prix quatre fois inférieur au prix garanti. Les stocks atteignent 255 000 tonnes en 1976 et 1 250 000 en 1984, soit la moitié de la production annuelle. De même, les stocks de céréales se situent régulièrement entre 7 et 9 millions de tonnes et ceux de la viande bovine représentent 600 000 tonnes en 1984. Ces stocks qui suivent des interventions sur les marchés des pouvoirs publics conduisent à un relèvement très important des dépenses du FEOGA qui passent de 2 milliards d'unité de compte en 1970 à plus dc 20 milliards entre 1980 et 1985, représentant plus de 0,5% du P.I.B. de la C.E.E.

L'autre problème auquel l'Europe doit faire face vient de son élargissement progressif. Si la Grande Bretagne est plutôt hostile à l'Union européenne à ses débuts, en créant parallèlement l'Association Européenne de Libre Echange (A.E.L.E.), elle demande toutefois son adhésion en 1963. Le Général de Gaulle oppose alors son veto et reporte alors son entrée dans l'Union. Ce n'est qu'en 1973 que la Grande

Bretagne, l'Irelande et le Danemark s'associent à la Communauté européenne. Mais, l'entrée de la Grande Bretagne entraine de multiples dérogations (altération du principe de préférence communautaire -importation du sucre du Commonwealth-, diminution sensible de la participation aux dépenses de la communauté) qui ont été néfastes au bon fonctionnement des règles communautaires, ces dérogations privilégiant les objectifs d'un Etat sur les objectifs communautaires. A l'opposé, l'élargissement de l'Union à la Grèce, l'Espagne et le Portugal n'a pas altéré la volonté de construire l'Europe agricole et a plutôt favorisé le développement des échanges de produits agricoles.

§ 2 - Les Montants Compensatoires Monétaires

Enfin, le dernier problème est l'apparition et la persistance de Montants Compensatoires Monétaires (M.C.M.). Les M.C.M. ont été créés pour limiter les effets socio-économiques de fortes variations de prix liées à des dévaluations des monnaies nationales. Le franc fut, par exemple, dévalué de 12,5% en 1969. Mais compte tenu du fait que les prix garantis de certains produits agricoles (céréales, betteraves,...) étaient exprimés en unités de compte, le revenu des agriculteurs concernés allait progresser du même montant que la dévaluation. Or, dans un contexte de lutte contre l'inflation et de volonté de rupture de la boucle prix / salaire, cette croissance de certains revenus agricoles ne pouvait pas être acceptée par le gouvernement. Une solution transitoire fut alors imaginée. Elle consistait tout d'abord à étaler sur trois ans l'augmentation des prix garantis et ensuite à reprendre une partie de cette augmentation aux agriculteurs pour la reverser, par le biais d'un fonds de solidarité, à ceux qui n'en avaient pas bénéficié. Ainsi, le calcul des prix garantis en France est temporairement désajusté par rapport à la nouvelle parité officielle du franc pour être défini à partir d'une parité transitoire appelée "franc vert". Mais cet ajustement progressif des prix des produits agricoles français stimulait leur compétitivité tant sur le marché intérieur européen que vis-à-vis des pays hors Union; d'où la nécessité de mettre en place un mécanisme correcteur : les M.C.M. Ce mécanisme conduisait donc à taxer, de façon à majorer leur prix, les produits agricoles français (M.C.M. négatifs) et à subventionner les produits agricoles des autres pays de l'Union (M.C.M. positifs).

Encadré 6 :

Mécanisme des M.C.M.

Supposons que le mark allemand équivaut à 3,3 F. Un bien Y coûte 4 DM / kg en Allemagne et 13,2 F / kg en France. Il y a égalité des prix dans les deux pays. En supposant que la hausse de l'inflation soit plus forte en France qu'en Allemagne ($\Delta P = 0$) et que le bien suive les évolutions respectives de prix dans les deux pays, le franc se dépréciera par rapport au deutch mark (1 DM = 3,5 F). Les prix restent équivalents si le bien, coûtant 4 DM, a une valeur de 14 F en France.

Mais si l'appréciation du deutch mark est liée non pas à l'inflation mais à une demande internationale plus forte de la monnaie allemande (1 DM = 3,5 F). Le prix du produit est de 4 DM en Allemagne, soit l'équivalent de 14 F. Il reste de 13,2 F / Kg en France. Or, pour rétablir l'égalité des prix dans les deux pays, il faudrait soit baisser le prix du produit en Allemagne, soit l'augmenter en France (« dévaluation du franc vert »). Les pays de la C.E.E., refusant ces conséquences liées à la fois à la dérégulation monétaire et à la politique agricole commune, décident de créer un mécanisme de subvention des produits allemands à leur entrée en France (S = 14 F - 13,2 F par kg) et de taxation des produits français à leur entrée en Allemagne (T = 14 F - 13,2 F par kg). Les montants compensatoires monétaires sont ainsi créés.

Cependant le mécanisme des M.C.M. qui n'était que transitoire au départ, a été pérennisé par les changements de parités entre les monnaies européennes. De plus, il a été étendu à des produits dépourvus de mécanisme d'intervention et s'est progressivement complexifié par des taux différents selon les produits. Dès lors, les M.C.M. ne jouaient plus leur rôle de correcteur des évolutions monétaires mais introduisaient des distorsions dans la concurrence aux dépens des pays à monnaie faible -où les dévaluations "courantes" impliquaient une augmentation des prix des produits importés, venant alourdir les coûts de production de l'agriculture sans pour autant que ses revenus ne suivent cette évolution- et au profit des pays à monnaie forte favorisant, par le mécanisme inverse, le développement de leur production. En 1978, suite à cette politique, l'écart des prix dans la C.E.E. atteignait 40%. Le démantèlement des M.C.M. devenait alors urgent. Un premier accord en 1979 prévoyait la suppression en deux ans des M.C.M. négatifs et la disparition progressive des M.C.M. positifs au gré des fixations annuelles des prix. Mais les changements de parité entre 1981 et 1983 et la politique restrictive de prix n'ont pas permis l'annulation des M.C.M. positifs. Cependant, en mars 1984, le mécanisme dit "switch over" est institué. Il prévoit qu'en cas de réaménagement des parités, les "taux verts" sont réévalués au même taux que la devise la plus forte, ne créant ainsi que des M.C.M. négatifs. Mais cette politique a coûté de plus en plus cher et a été progressivement remise en cause car jugée économiquement inefficace par ses détracteurs.

La politique agricole commune a été l'un des piliers de la construction européenne et a consacré « l'âge d'or » de l'agriculture française. L'Europe ne se fera pas sans les paysans, disait-on aux lendemains de la deuxième guerre mondiale. Dans la plupart des pays européens, la population agricole représentait une part importante de la population totale, vivant le plus souvent pauvrement et plus ou grande autarcie. La P.A.C., par les objectifs qu'elle s'était imposée, a progressivement transformé ce paysage dans les années 1960-1970. Le revenu des agriculteurs s'est fortement accru - avec certes, des disparités importantes - impliquant une concentration des terres, des investissements en capital importants, et enfin de compte une diminution notable de la population agricole. Les prix des produits, grâce à la mise en place de mécanismes visant à stabiliser les marchés, se sont maintenus. La production s'est fortement accrue permettant à l'Europe d'être en état d'autosuffisance pour de nombreux produits. Mais, le gonflement des stocks de produits, à la fin des années 1970, génèrent des coûts croissants, qui incitent les différents Etats à revoir les mécanismes de la P.A.C.

Bibliographie succincte :

B. BALASSA (1962), *The theory of economic integration*, G. Allen & Unwin.

B. BALASSA (1967), « Trade liberalisation among industrial countries », *Atlantic Policy Studies*, Mc Graw Hill Book Comp.

B. BALASSA (1975), *European Economic Integration*, North Holland ed..

C. BORDES (1997), « La politique monétaire », in G. DUTHIL & W. MAROIS, *Politiques économiques*, Ellipses.

L. BOURGEOIS (1993), *Politiques agricoles*, Flammarion

H. BOURGUINAT (1992), *Finance internationale*, Thémis économie, PUF.

J.L. BOURLANGES (1997), « Qui a peur d'une Europe fédérale ? », *Sociétal*, 6, mars.

M. DAVENPORT (1982), « The economic Impact of the EEC », in *The European economy : growth and crisis*, A. Boltho ed., Oxford University Press.

F. DESCHEEMAEKERE (1994), *La P.A.C. : avenir du monde rural et mondialisation des échanges agricoles*, Ed. d'organisation.

R. Mc KINNON (1963), « Optimum Currency Areas », *American Economic Review*, September.

J. KLATZMANN (1975), *L'agriculture française*, Ed. du Seuil.

M.E. KREININ (1972), « Effects of the EEC on imports of manufactures », *Economic Journal*, sept.

B. LASSUDRIE-DUCHÊNE & J.L. MUCHIELLI (1979), « Les échanges intra-branche et la hiérarchisation des avantages comparés dans le commerce international », *Revue Economique*, mai.

M. LELART (1994), *La construction monétaire européenne*, Dunod.

P. Le ROY (1973), *L'avenir du marché commun agricole*, PUF.

Ph. MOREAU DEFARGES (1995), *Les institutions européennes*, Armand Colin.

R. MUNDELL (1961), « A theory of optimal currency areas », *American Economic Review*, September.

A. PRATE (1991), *Quelle Europe ?*, Julliard.

Ph. ROLLET (1979), « Intégration économique et spécialisation internationale dans les pays de la C.E.E. », *Revue d'économie Politique*, 2.

Ph. ROLLET (1991), *Spécialisation internationale et intégration européenne*, Economica.

Ph. ROLLET & F. HUART (1995), *Du grand marché à l'union économique et monétaire*, Cujas.

Ph. ROLLET & F. HUART (1997), « L'intégration économique européenne », in G. DUTHIL & W. MAROIS, *Politiques économiques*, Ellipses.

Ph. ROLLET & P MAILLET (1987), *Intégration économique européenne*, Nathan supérieur

P.J. VERDOORN & A.N. SCHWARTZ (1972), « Two alternative estimates of the effects of EEC and EFTA on the pattern of trade », *European Economic Review*, 3.

J. VINER (1950), *The customs Union Issue*, New-York, Carnegie Endowment for International Peace.

Partie III -

La montée des incertitudes :

vers une agriculture segmentée

Introduction

Les années 1990 ont été marquées par deux grands changements, troublant l'environnement socio-économique de l'agriculture. Ces bouleversements sont la réforme de la politique commune en mai 1992 et les accords du G.A.T.T. de décembre 1993. Il convenait de faire un premier bilan de ces deux modifications.

La réforme de la P.A.C. vient d'un amoncellement de problèmes (financiers, économiques, écologiques, voire politiques), qui a conduit à prendre des mesures visant un renversement complet des tendances passées. Alors que l'ancienne P.A.C. poussait à l'intensification des cultures, la nouvelle, par les mécanismes qu'elle met en oeuvre, vise une extensification des productions végétales et animales. De même, si l'ancienne P.A.C. avait pour objectif l'accroissement du revenu agricole, la nouvelle conduit à une diminution de celui-ci. Mais les deux P.A.C. ont cependant le même résultat : une diminution du nombre d'agriculteurs.

Le secteur agricole est apparu au coeur des différends entre la C.E.E. et les Etats-Unis depuis le milieu des années 1980. L'offensive est alors lancée par les Etats-Unis qui demandent au travers de l'Uruguay round la suppression des aides et subventions que la C.E.E. accorde à ses agriculteurs. Ils souhaitent également la limitation des exportations européennes et la réduction de certaines productions. Il apparaît clairement que les Etats-Unis veulent reprendre des parts de marché qu'ils ont perdu dans les années 1980 et que la France, premier producteur européen, a plus à perdre qu'à gagner dans ces négociations.

Ces deux bouleversements et leurs conséquences sur l'agriculture française seront successivement examinés. Ainsi le chapitre I sera consacré à l'analyse de la nouvelle P.A.C. et le chapitre II à la place de la France dans la compétition mondiale.

CHAPITRE I -

La nouvelle P.A.C.

et les politiques décentralisées

Avec les années 1980, apparaissent les premiers problèmes agricoles dans l'union européenne. Les stocks de produits agricoles ne cessent de croître sous l'effet d'une croissance spectaculaire des rendements. Le coût de la P.A.C. augmente très rapidement en constituant plus de 60 % du budget de la C.E.E.. A ces premiers problèmes, il faut ajouter la stagnation de la demande mondiale, la concentration de la distribution et les problèmes écologiques liés à l'exploitation intensive des terres. La constatation de ces divers problèmes a conduit à remettre en cause le fonctionnement même de la P.A.C. à travers une réorganisation des marchés. Cette réforme de la P.A.C. n'a pas été sans conséquence sur l'agriculture française, - notamment sur l'emploi agricole, sur la concentration des terres, sur l'évolution des revenus et des investissements,..-, conséquences extrêmement diversifiées selon les régions. C'est pourquoi, les voies de la politique agricole doivent être de plus en plus décentralisées, au niveau de chaque Etat-membre tout d'abord et à un niveau régional ensuite comme le montre le modèle allemand à partir d'une politique locale établie par Länder.

Section 1 - La crise et la redéfinition de la P.A.C.

L'objectif de cette section est double. Tout d'abord, il convient d'analyser les différents problèmes agricoles qui ont conduit à remettre en cause le fonctionnement et les objectifs de la P.A.C.. Ensuite, le contenu de la nouvelle P.A.C. de 1992 sera présenté à travers les mesures de réorganisation des marchés et les mesures d'accompagnement.

§ 1 - La P.A.C. face à la rationalité économique

L'année 1984 tourne une page dans l'histoire de la politique agricole commune pour deux raisons. La première est l'abandon du principe des garanties illimitées de prix des produits agricoles au profit d'une politique alliant les quotas, les quantités maximales garanties et la jachère. Le développement du revenu agricole n'était plus garanti par la croissance des prix des produits mais au contraire contraint par la détermination des quantités à produire. La deuxième raison est une transformation du principe de financement de la P.A.C.. Jusqu'en 1984, les ministres de l'agriculture définissaient la politique agricole et le F.E.O.G.A. se chargeait de la financer sans aucune limite. A partir de 1984, le principe est inversé puisque le montant maximum des dépenses est prédéfini, contraignant alors la politique agricole. Cette discipline budgétaire fut adoptée au Sommet de Fontainebleau où il fut décidé que le budget global de l'Union devrait rester à l'intérieur des limites permises par le montant des ressources - principe bien entendu applicable à l'agriculture -.

Tableau 13 :
Le coût croissant de la P.A.C., en millions d'Ecus

Années	1988	1990	1992	1996
Budget CEE	41 121	44 379	62 614	81 928
Dépenses FEOGA	28 830	28 301	38 702	45 105
- FEOGA garantie	27 687	26 454	35 878	41 297
- FEOGA orientat.	1 143	1 847	2 824	3 908
Dépenses diverses agricoles	58	102	305	550
Dépenses PAC	28 888	28 403	39 007	45 655
Recettes PAC	2 895	2 084	2 589	-
Coût net PAC	25 993	26 319	36 418	-
% du budget CEE	63	59	58	55
% du PIB CEE	0,63	0,56	0,68	-

Source : Rapports annuels de la C.E.E.

En 1988, les ministres des finances imposent une norme de croissance des dépenses agricoles appelée "Guideline". Cette norme stipule que les dépenses agricoles ne pourront augmenter au maximum que d'un pourcentage égal à 74% du taux de croissance du P.I.B. de l'Union européenne c'est-à-dire à peu près 2% par an pour la période 1988 - 1992.

Une difficulté à laquelle s'expose la communauté économique est la maîtrise de l'offre de produits agricoles. Ainsi par divers biais, produit par produit, la politique suivie devait conduire à la limitation, voire à la réduction des quantités produites. Les produits laitiers furent les premiers touchés en étant soumis à des quotas de production similaires à ceux appliqués depuis longtemps pour la betterave. Le procédé adopté en 1984 est simple. Le quota global de l'Union est fixé à 95,8% de la production de 1983, représentant ainsi 99 millions de tonnes de lait, soit 120% des besoins des 10 pays de l'Union. Tout dépassement de quotas est lourdement pénalisé par une taxe très dissuasive. Ce quota est ensuite réparti par pays. A l'intérieur de chaque pays, les quotas peuvent être répartis soit par laiterie, soit par producteur et peuvent répondre à des priorités définies par le gouvernement (priorités pour les jeunes producteurs, pour les petits producteurs,...). Ainsi, par exemple, des programmes de cessation d'activité ont été mis en place en France, notamment pour les producteurs les plus âgés. La politique des quotas a atteint son but ; la croissance de la production laitière est stoppée même s'il a fallu quelques années. Mais les restructurations sont douloureuses pour les jeunes producteurs qui s'étaient endettés pour investir ainsi que pour les petits producteurs pour lesquels le lait est la production essentielle. De plus, les excédents se sont reportés sur le marché de la viande bovine en raison des abattages supplémentaires.

Les céréales furent ensuite touchées de manière indirecte par les limitations de production, par le biais d'un procédé de garantie limitée sur les quantités (Q.M.G. : Quantités Maximales Garanties). Par ce système, un plafond de production est fixé au niveau de la Communauté. Lorsque le plafond est dépassé, l'ensemble des producteurs, même ceux qui ont diminué leur production, subissent une sanction sous forme de taxe ou de baisse de prix. En 1986, l'accord de Luxembourg généralise le blocage, voire la réduction de tous les prix de soutien. L'objectif est alors de diminuer l'attractivité de l'intervention comme débouché systématique et sans risque. En six campagnes, de 1986 à 1992, les prix de soutien baissèrent en moyenne de 15% en termes réels.

Enfin, l'agriculture subit une dernière contrainte : la jachère "volontaire". Les exploitants agricoles sont ainsi incités à mettre en friche 20% des terres arables de leur exploitation pour au moins 5 ans. En contrepartie, ils perçoivent une prime annuelle forfaitaire destinée à compenser la perte de revenu. Mais cette politique a été peu efficace en France avant de devenir quasi obligatoire.

Cependant, les résultats de ces mesures sont impressionnants. Les stocks de produits laitiers s'amenuisent pour devenir quasiment nuls en 1989. Les stocks de céréales passent de 15 millions de tonnes en 1986 à 8 millions en 1989. Les stocks de viande bovine atteignent 240 000 tonnes en 1989 au lieu de 800 000 en 1985. La politique des quotas et de la jachère a permis une régulation, au niveau européen, à la fois des marchés et des stocks. Mais dans le même temps, les Etats-Unis décident d'augmenter leurs productions par réduction des jachères (27,5% des superficies en 1988, 5% en 1990).

Cependant d'autres problèmes viennent accentuer le malaise agricole à la fin des années 1980.

Tout d'abord, il convient de souligner une cause économique qu'est la stagnation du marché mondial. Aux niveaux national et européen, la consommation par tête, de pain, de vin, de beurre et de viande, recule de façon structurelle depuis le milieu des années 1970. De plus, alors que de 1962 à 1984, la consommation de céréales des pays de la C.E.E. avait progressé annuellement d'un million de tonnes par an, elle régresse à partir de 1985 de près de deux millions de tonnes par an. Ces réductions de consommations finales a des conséquences sur la production de céréales et sur l'élevage. Cependant, d'autres productions connaissent une reprise de la consommation. Il s'agit des fruits et légumes, des fromages et des produits laitiers frais.

Le marché mondial suit la même tendance, ce qui conduit la C.E.E. a exporté sur un marché déprimé et donc fortement concurrentiel. La C.E.E. doit prendre des parts de marché aux Etats-Unis au prix d'une guerre commerciale intense.

Ensuite, l'agriculture se trouve confrontée à des organismes de commercialisation très concentrés et puissants. En effet, 70% des ventes alimentaires aux ménages sont réalisées par les super et hypermarchés. Ainsi, les prix des produits s'imposent aux agriculteurs qui n'ont eu ni la volonté ni les moyens de s'organiser pour répondre au pouvoir croissant de la grande distribution, celle-ci faisant pression sur les prix compte tenu de ses possibilités de substitution entre les produits domestiques et les produits étrangers. De ce fait, les prix agricoles s'effondrent passant d'un indice 100 en 1975 à 59 en 1992. Les gains de productivité réalisés par les agriculteurs ont été ainsi absorbés par les intermédiaires et les consommateurs.

Tableau 14 :

Evolution des prix agricoles et à la consommation

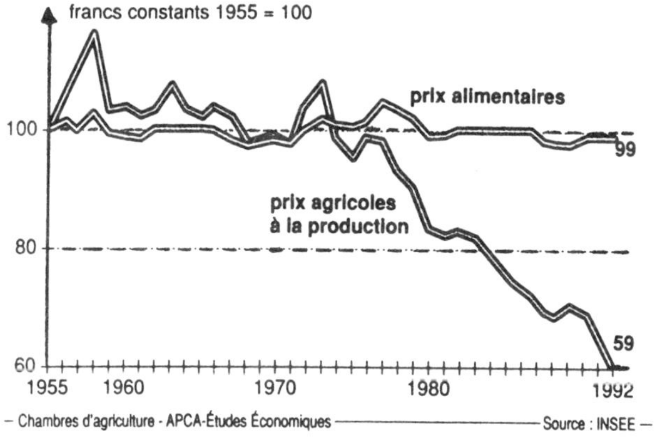

Enfin, si depuis 1950, l'agriculture s'est modernisée, elle a appliqué une gestion plus rigoureuse et plus productiviste des terres. Ainsi, « les regroupements de parcelles et les refontes cadastrales ont complètement bouleversé les structures agraires anciennes, supprimant dans les régions de bocage des centaines de milliers d'arbres et des milliers de kilomètres de haie » (J.C. CHARVET, 1994). La pollution des nappes d'eau souterraines vient de l'utilisation de plus en plus intensive d'engrais et de lisiers - le cas de la Bretagne est significatif à cet égard -. De plus, l'utilisation de matériels lourds accroît les phénomènes de tassement des sols, modifiant sa structure et déclenchant l'érosion - Cf. le cas du pays de Caux en Seine Maritime -.

La politique agricole commune se devait de réorienter la production en élaborant de nouveaux principes ayant pour objectif de pallier ces divers phénomènes récents et cependant primordiaux.

§ 2 - La réforme de la P.A.C.

En juillet 1991, à Bruxelles, ont été définis les nouveaux principes de la politique agricole commune. La réforme entre en vigueur dès la campagne 1992-1993. Elle place les agriculteurs français et européens dans des conditions nouvelles tant par rapport aux mécanismes de soutien qui seront désormais plus transparents - le soutien par les prix est remplacé progressivement par un soutien direct au revenu des agriculteurs -, que par rapport aux objectifs de l'agriculture - les modèles productivistes doivent être abandonnés pour des modèles plus extensifs, plus protecteurs de l'environnement -.

Le commissaire européen Mac Sharry fait en 1991 un ensemble de propositions visant à réorienter l'agriculture européenne. Ces propositions ont plusieurs finalités : 1. maîtriser la production dans le double but d'éviter l'accumulation des stocks et l'accroissement du coût de la P.A.C. ; 2. maintenir le nombre d'agriculteurs par des aides directes au revenu de façon à ce que les petites et moyennes exploitations aient notamment pour charge l'entretien de l'espace rural ; 3. encourager les agriculteurs à avoir une activité annexe à celle de la production agricole afin d'améliorer leur revenu ; 4. mettre en place une politique des prix permettant d'être concurrentiel sur les marchés mondiaux.

L'ensemble des mesures, adoptées en mai 1992, conduit à l'établissement d'un dualisme au sein de l'agriculture en distinguant la grande culture qui sera de plus en plus confrontée à la concurrence internationale et qui se devra d'être compétitive et la petite culture dont l'objectif sera de répondre à un besoin local ou national (production, protection de l'environnement,...). Ces mesures sont de deux ordres , à savoir : la réorganisation du fonctionnement des marchés et l'accompagnement de la nouvelle politique agricole

2.1 - La réorganisation du fonctionnement des marchés

La réorganisation du fonctionnement des marchés concerne, en premier lieu, les oléagineux et les protéagineux. Elle fait suite à un différend opposant l'Europe et les Etats-Unis au sujet du développement de la production européenne d'oléagineux. Si le prix sur le marché européen de ces produits (colza, tournesol, soja) reste le prix mondial, les subventions ne seront plus versées aux « triturateurs » mais aux producteurs sous forme d'aide à l'hectare. Cependant les Etats-Unis veulent aller plus loin en souhaitant une limitation de la production européenne. L'Europe, en novembre 1992 cède du terrain et accepte non pas une limitation sur la quantité mais une limitation des superficies cultivées en oléagineux. En contrepartie, une aide est versée sous forme d'un « paiement compensatoire » (deficiency payment) aux agriculteurs. Ainsi dès 1993, il a été versé aux producteurs une prime à l'hectare d'un montant de 3700 francs dans la moitié Nord de la France (zone 1), 3450 francs dans le Bassin Aquitain (zone 2) et 2750 francs dans le sud du Massif Central, les Alpes du sud et la Corse (zone 3).[1]

Pour les protéagineux (pois protéagineux, féveroles), le système d'indemnisation est identique avec un niveau moyen de prime de 2450 francs par hectare pour la campagne 92/93[2]. Au total, les prix institutionnels sont purement et simplement supprimés pour les oléagineux et protéagineux.

---

[1] Les primes sont pour la campagne 1996/97 d'un montant à l'hectare de 3752 F. (zone 1), de 3460 F. (zone 2). La zone 3 n'existe plus.
[2] L'aide va de 2000 à 3500 F à l'hectare non irrigué et de 3500 à 5000 F. pour les cultures irriguées sur la campagne 1996/97.

En ce qui concerne le marché des céréales, leur prix garanti qui était de 155 Ecus par tonne pour la campagne 92/93 devait tendre vers 100 Ecus pour la campagne 95/96[1]. En contrepartie, des aides compensatoires d'un montant de 25 Ecus par tonne en 1993, 35 Ecus en 1994 et de 45 Ecus en 1995 multipliées par le rendement moyen régional sont versée aux producteurs.

Sur ces productions végétales, les jachères doivent porter sur 15% de la surface de base (soit un gel rotatif sur six années) pour être compensées par un système d'aides directes. Ce taux est révisable par la Commission de Bruxelles en fonction de l'état des marchés et avant chaque campagne. Le taux peut diminuer si la demande de produits végétaux augmente ou augmenter dans le cas contraire. L'indemnisation des mises en jachère se fait sur des bases qui varient de région en région autour d'une moyenne de 2100 francs par hectare en 1993, allant de 1300 francs en Haute-Loire à 2650 francs dans les Landes. Le gel ne porte que sur les terres arables labourées avant juillet 1992. En contrepartie, l'agriculteur doit garder le sol nu, ou implanter un couvert végétal.

Pour les productions animales, les mesures sont tout aussi draconiennes : baisse du prix d'intervention de 15% échelonnée sur trois ans pour la viande bovine, baisse de 2% des quotas laitiers en 2 ans et réduction du prix du beurre de 5% sur la même période. La baisse du prix de la viande est compensée par des primes impliquant une « extensification » de la production. La prime n'est versée que lorsque la charge maximale de bétail par hectare de surface fourragère est respectée, c'est-à-dire 3,5 unités en 1993 et 2 en 1996. Le montant de ces primes est de 90 Ecus par bovin mâle et de 120 Ecus par vache suitée (vache allaitant son veau). Le montant de ces primes est accru lorsque la charge à l'hectare fourrager est inférieure à 1,4 unité. Cette surprime correspond à l'objectif d'incitation des agriculteurs à développer un élevage extensif qui a le mérite d'entretenir la campagne et de préserver l'environnement.

---

[1] Le prime varie aujourd'hui de 1400 à 2500 F. par hectare.

De façon à atténuer l'impact de ces mesures, une série de mesures dites d'accompagnement, financées de manière égale par l'Union européenne et par les Etats membres, fut décidée.

2.2 - Les mesures d'accompagnement

Les mesures d'accompagnement sont financées à la fois par les Etats-membres et par la Communauté à niveau égal. Ainsi, les Etats les plus « riches » peuvent soutenir davantage leur agriculture. Cependant, pour les zones défavorisées, la part de financement communautaire est de 75%.

Trois grandes mesures rentrent dans ce plan d'accompagnement :

1. Des mesures agri-environnementales qui consistent en des aides aux exploitants respectant certaines pratiques de productions ou d'élevage dans des zones écologiquement touchées par une exploitation productiviste passée, basée sur l'utilisation intensive des engrais et des pesticides. Chaque Etat a donc le devoir de mettre en oeuvre des programmes de protection de l'environnement. En contrepartie d'une acceptation par les agriculteurs de cet objectif, supposant l'adoption de techniques de production plus extensives et moins polluantes, des primes à l'hectare seront alors versées.

2. Des aides au boisement peuvent prendre plusieurs formes, soit une prime annuelle par hectare si le boisement correspond à un renoncement à des activités de production agricole (la prime est de 600 Ecus au maximum), soit une prime permettant de couvrir les coûts de boisement (elle s'élève à 3000 Ecus pour les résineux et 4000 pour les feuillus), soit une prime à l'hectare boisé dans le but d'un meilleur entretien de ces espaces (elles sont limitées dans le temps à cinq ans). Il faut souligner que ces mesures répondent à une préoccupation qu'est le déficit européen en matière de bois bruts ou de pâtes à papier. Les importations sont en effet massives et pourraient être en partie limitées par une exploitation à terme plus intensive des surfaces boisées.

3. Un régime de préretraite s'applique aux salariés agricoles et aux agriculteurs de plus de 55 ans dont les terres serviront à

agrandir d'autres exploitations ou permettre à de jeunes agriculteurs de s'installer. Les primes annuelles pour le départ en préretraite des exploitants comportent une partie forfaitaire de 4000 Ecus et une partie variable de 250 Ecus par hectare « libéré » dans une limite de 10000 Ecus. Le système de préretraite pour les salariés agricoles institue une prime annuelle de départ de 2500 Ecus.

Ces mesures ont entraîné une perte de revenus très importante pour les agriculteurs, due à la fois aux diminutions de prix des produits - qui n'ont pas eu les effets de relance espérés sur les demandes européenne et mondiale - et aux restrictions quantitatives - qui ont été sans grands effets sur les dépenses budgétaires allouées à l'agriculture -. Il s'en est suivi alors une accélération de la diminution du nombre d'agriculteurs en France, ce qui allait à l'encontre des objectifs annoncés dans la réforme. Il faut dire qu'au départ la transparence la plus totale n'a pas été faite sur la réforme de la P.A.C.. Toutefois M. Jacquot, directeur du FEOGA à la Commission européenne écrivait dans le « Monde des débats » en novembre 1992 que « D'ici à 1997, la réforme de la P.A.C. va entraîner une baisse du revenu des exploitants. Il faut le leur dire, pour qu'ils se préparent à changer leur mode de production, avec des méthodes culturales plus économiques, moins polluantes. Ils doivent trouver d'autres sources pour exister ».

Ainsi, la réforme de la P.A.C. conduit à une augmentation des coûts d'intervention, à une gestion administrative plus lourde des systèmes d'aides directes et à des effets secondaires opposés à ceux recherchés. Pour exemple, la baisse des prix des productions végétales va profiter davantage aux élevages hors sol, plus intensifs mais aussi plus polluants, voire parfois néfastes pour la santé publique (Cf. crise de la « vache folle »)[1]. Cette conséquence est à l'opposé des objectifs recherchés. Ainsi dans l'application, il est difficile de savoir

---

[1] Il était utilisé dans certains élevages, notamment hors sol, des farines animales provenant d'animaux morts pour nourrir les bovins. Ces farines sont susceptibles de propager l'encéphalopathie spongiforme bovine avec d'éventuelles répercussions sur l'homme à partir de l'absorption de viande.

quelles seront les exploitations les plus touchées, les zones ou les régions les plus frappées par la réforme de la politique agricole commune.

Tableau 15 :

La logique de la P.A.C. 1992.

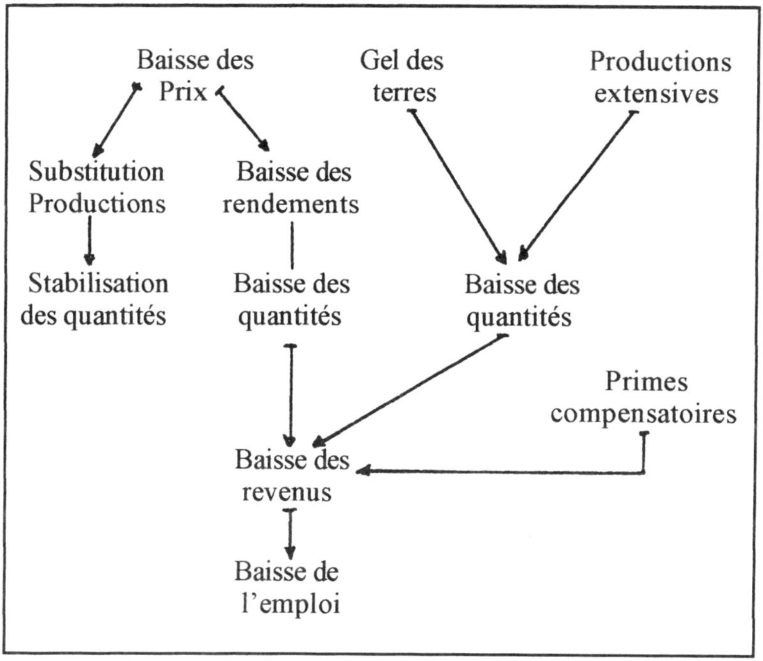

Section 2 - L'articulation des politiques agricoles commune, nationale et régionale.

La réforme de la P.A.C. lie le montant de l'aide compensatoire, instituée pour faire face à la diminution des revenus engendrée par la baisse des prix, au rendement moyen régional. Il y a donc une pénalisation des exploitations dont le rendement est supérieur au rendement moyen de la région dans laquelle elle se trouve, alors que les exploitations les moins productives bénéficieront d'un surcroît d'aide.

L'objectif social et redistributif est ainsi ponctuellement retrouvé.

Mais au delà de cette distinction par type d'exploitation, intervient une opposition régionale forte. A. NEVEU (1993) dissocie trois groupes de régions, à savoir :

1. Les régions compétitives - où dominent des exploitations de grande taille, bien gérées, dont les caractéristiques technico-organisationnelles sont élevées, et bénéficiant d'un bon environnement agronomique et commercial - s'adapteront rapidement aux modifications des objectifs de la P.A.C.. Il s'agit là des grands bassins céréaliers du Nord-Ouest et Parisien, de la Bretagne et des plaines du Midi méditerranéen où la viticulture de qualité joue un rôle important.

2. Les régions en difficultés - qui couvrent des exploitations aux caractéristiques inverses - pâtiront davantage de la réforme de la P.A.C.. Les aides apportées risquent de ne pas compenser les pertes en revenu venant des fortes baisses des prix sur des marchés de plus en plus concurrentiels. Les régions de montagne où les exploitations ont une activité unique, les régions sèches du centre et du sud, les régions où la terre y est pauvre,... Les friches risquent alors de s'y étendre sans intervention de soutien local à l'agriculture.

3. Les régions intermédiaires qui peuvent associer souvent agriculture et activités accessoires verront à plus ou moins brève échéance leur sort basculer soit vers le développement soit vers le déclin de leurs activités agricoles. Il s'agit là de régions souvent périphériques aux grands bassins agricoles, c'est-à-dire les marges armoricaines, l'intérieur du bassin Aquitain, le Massif Central, la Lorraine, le Jura et le sillon alpin.

Dans tous les pays de l'union européenne, il est possible d'établir ce même classement. Mais il est également vrai que certains pays ont une agriculture beaucoup plus menacée que d'autres ; ils nécessiteront alors des politiques de soutien plus amples et davantage décentralisées de façon à atténuer le contrecoup social de la réforme.

§ 1 - L'incidence de la réforme de la P.A.C. sur les régions : le cas de la Haute-Normandie

En 1993, le Conseil Economique et Social de Haute Normandie (C.E.S.) a mené une étude sur « l'incidence de la réforme de la P.A.C. sur l'emploi en Haute Normandie ». Cette étude consacre un chapitre sur « l'évolution prévisible de l'emploi dans l'agriculture haut-normande ». Elle distingue trois catégories d'emploi : les chefs d'exploitation, les salariés agricoles et les aides familiaux. Les hypothèses tendancielles de baisse annuelle retenues sont issues des pourcentages de baisse entre deux recensements généraux agricoles (R.G.A.) - entre 1970-1979 et entre 1979-1988 -. Les pertes que prévoyait le C.E.S. pour chaque catégorie sont détaillées dans le tableau ci-dessous.

Tableau 16 :
Evolution de l'emploi agricole en Haute Normandie

Années	1988	1991	1992	1993	1996	Perte
Chefs d'exploitation						
-2,8% *	23329	21423	20823	20240	18587	-4742
-2,2% *	23329	21822	21342	20873	19525	-3804
Salariés agricoles						
-5,5% *	3896	3682	3479	3288	3107	-789
-6,0% *	3896	3662	3442	3236	2977	-919
Aides familiaux						
-6,0% *	10427		8177		7927	-2500

* Ces chiffres correspondent à des hypothèses de baisse annuelle des effectifs.

Une enquête de la Direction Régionale de l'Agriculture et de la Forêt (D.R.A.F.) sur les « Structures des exploitations » montre que les hypothèses retenues par le C.E.S. - qui n'étaient qu'un prolongement des phénomènes passés -, ont été sous-estimées. L'étude fait apparaître une très nette accélération de la baisse du nombre de chefs d'exploitations et du nombre d'aides familiaux. Fin 1996, le nombre de chefs d'exploitations est de 17150, soit une baisse de 3,8% par an depuis 1988. Les aides familiaux sont de 6400 en 1996, soit une baisse de 5,9% en moyenne sur la période. Seuls les salariés enregistrent une baisse moins forte que prévu. Ils étaient 3170 en 1996. Au total, en se basant sur la tendance 1988-1993, ce sont 5080 emplois qui ont été perdus entre 1993 et 1996. En posant comme hypothèse une diminution annuelle de 3,4% par an à partir du nombre d'exploitations « RGA 1988 », la Haute Normandie compterait 15403 chef d'exploitation en l'an 2000, soit un tiers de moins qu'en 1988.

Ainsi à travers la P.A.C., le programme communautaire d'aide à la préretraite a certainement incité nombre de chefs d'exploitation à quitter plus précocement leur exploitation. La complexité accrue de la gestion d'une exploitation agricole, la perspective d'activités plus réduites avec des prix agricoles en baisse n'ont pas non plus milité en faveur du maintien des chefs d'exploitation approchant de l'âge de la retraite. Ces facteurs ont certainement aussi contribué à décourager l'installation de jeunes agriculteurs. De plus, l'entrée en vigueur de dispositions réglementaires plus exigeantes - niveau de diplôme notamment - pour bénéficier des aides à l'installation - Dotation aux Jeunes Agriculteurs (D.J.A.) - n'a pas facilité l'installation de jeunes agriculteurs même si le Conseil Régional de la Haute Normandie a finalement décidé d'abandonner la D.J.A.. La tendance sur la période 1992-1996 n'est plus qu'une installation pour quatre départs. Un dernier élément est à prendre en considération dans l'explication de la baisse des exploitants agricoles, c'est l'effet démographique. En effet en 1988, 62% des exploitants avaient plus de 50 ans.

Mais la réforme de la P.A.C. n'a pas eu que des conséquences sur l'emploi, elle en a eu également sur les orientations technico-économiques des exploitations agricoles. Le C.E.S. haut normand affirmait en 1995, dans une étude consacrée aux « Incidences de la politique agricole commune sur l'économie de Haute Normandie » que « les exploitations de culture sont visées au premier chef par la réforme de la P.A.C. : aux effets de la baisse des prix des céréales, des oléagineux, des protéagineux s'ajoute une compensation insuffisante pour mise en jachère du fait de la non prise en compte des rendements réels de la Haute Normandie très supérieurs à la moyenne nationale ... En outre, cette mise en jachère conduit à une augmentation des charges de structure à l'hectare cultivé : le matériel doit être amorti sur des surfaces cultivées moindres...Les effets de la réforme de la P.A.C. sur les exploitations d'élevage de bovins et de production laitière seront divers : les exploitations spécialisées dans la valorisation de l'herbe seront avantagées tandis que les exploitations ayant un fort niveau de chargement seront pénalisées... Pour les exploitations de polyculture, l'impact sera négatif sur la partie grande culture et sera soit allégé, soit aggravé par la réforme sur la partie élevage bovins... Les impacts de la réforme sur les autres types d'exploitations seront variables : les exploitations dont les productions non concernées par les réformes pourront être touchées par la concurrence d'exploitations qui cherchent à se diversifier... ».

L'évolution constatée des indices volume et prix sur les campagnes 1991-1992 et 1992-1993 permet de donner un premier éclairage sur les incidences réelles de la réforme de la P.A.C..

Au total, on constate une baisse de la valeur des livraisons agricoles haut normandes de 1,42 milliard de francs, soit 18% de baisse en une campagne. La perte de produit représente 0,7 milliard de valeur ajoutée régionale. L'essentiel de cette baisse est imputable à la P.A.C.. En l'absence de toute régulation du marché, les cours des oléagineux ont rejoint dès 1992 les cours mondiaux. Les protéagineux en 1993. Le prix d'intervention des céréales ayant été abaissé, on observe alors une forte baisse de l'indice des prix pour les productions végétales. Pour les productions animales, les seuls effets qui pouvaient être imputés à la réforme de la P.A.C. sont des effets prix. Or malgré la baisse du prix d'intervention sur la viande bovine, l'indice prix de cette production s'est maintenu. Il en est de

Tableau 17 :
Evolution des livraisons agricoles régionales
entre 1991 et 1993

	Valeur 1991	Indice volume	Indice Prix	Indice valeur	Valeur 1992
Céréales	2095	0,97	1,01	0,98	2052
Protéagineux	448	1,25	1,10	1,38	620
Oléagineux	229	1,10	0,43	0,48	109
Autres	1277	1,00	0,90	0,90	1145
Produit Végétal	**4051**	**1,02**	**0,95**	**0,97**	**3927**
Viande bovine	1513	0,99	1,02	0,99	1537
Lait	1667	0,97	1,02	0,99	1647
Autres	638	0,99	0,99	0,99	630
Produit animal	**3819**	**0,98**	**1,02**	**1,00**	**3814**
Total	**7871**	**100**	**0,98**	**0,98**	**7741**
	Valeur 1992	Indice volume	Indice Prix	Indice valeur	Valeur 1993
Céréales	2052	0,78	0,77	0,60	1234
Protéagineux	620	1,03	0,46	0,47	292
Oléagineux	109	0,40	1,26	0,51	55
Autres	1145	0,91	1,08	0,98	1122
Produit Végétal	**3927**	**0,84**	**0,82**	**0,69**	**2705**
Viande bovine	1537	0,95	1,03	0,98	1508
Lait	1647	0,98	1,03	1,01	1662
Autres	630	1,02	0,88	0,90	565
Produit animal	**3814**	**0,98**	**1,00**	**0,98**	**3736**
Total	**7741**	**0,91**	**0,91**	**0,83**	**6442**

Source : Chambre d'agriculture de l'Eure et de la Seine Maritime même pour le prix du lait. Pour les autres productions animales, on constate une baisse de l'indice prix. Mais celle-ci n'est sans doute que marginalement imputable à la P.A.C.. Ainsi, la baisse du prix de l'alimentation animale vient d'une baisse de l'indice prix des productions avicoles.

Tableau 18 :
Evolution des terres arables entre 1990 et 1993
(en milliers d'hectares)

	1990-91	1991-92	1992-93	Evolution
Céréales	**305,5**	**307,5**	**272,0**	**- 11,5%**
blé tendre	221,5	222,5	206,5	- 07,2%
orge-escourgeon	71,8	71,3	55,9	-21,6%
avoine	4,7	4,0	3,8	- 05,0%
maïs en grain	6,5	8,0	5,2	-35,0%
Cultures fourragères	**79,1**	**77,1**	**77,5**	**-2,0%**
maïs fourragé	51,8	51,5	51,5	-0,5%
prairies	12,8	12,0	19,5	+52,3%
Cultures industrielles	**160,9**	**163,9**	**158,1**	**- 03,6%**
colza	35,6	36,5	19,1	- 48,0%
tournesol	2,0	1,3	0,6	- 0,66%
betteraves	28,6	28,4	27,5	- 0,3%
lin	22,6	18,9	nd	-
pois protéagineux	60,1	63,5	77,4	+ 21,9%
Cultures diverses	**7,6**	**7,0**	**7,0**	**-7,9%**
Jachères	-	**5,3**	**54,5**	-
Terres arables	**553,3**	**560,8**	**569,0**	**+ 1,5%**

Source : S.R.S.A.

Il n'y a pas eu de réduction uniforme des surfaces emblavées pour les productions soumises au gel des terres mais un arbitrage entre ces différentes productions. En particulier, les agriculteurs haut-normands ont pris en compte la forte baisse du prix des oléagineux sur l'année 1992 en réduisantfortement leurs emblavements en colza et tournesol sur la campagne 1992-1993 au profit des pois protéagineux. Le prix de ces derniers ayant fortement baissé, leur arbitrage s'est inversé sur la campagne 1993-1994.

Les agriculteurs réagissent donc plus fortement à l'évolution du marché. Les arbitrages de productions dépendent donc des rapports de prix entre les céréales, les oléagineux et les protéagineux. Mais les prix s'établissent selon des mécanismes différents, rendant plus difficiles les anticipations.

La P.A.C. conduit la Haute Normandie vers une économie agricole duale. D'un côté, les macro-exploitations fortement spécialisées (grandes cultures), concentrées, intensives, avec une gestion très rationalisée seront capables de rivaliser au niveau mondial. De l'autre côté, des exploitations herbagères extensives, pratiquant la pluri-activité, à la recherche de la qualité plutôt que de la quantité, seront réduites à la gestion des espaces et soutenues par des aides. D'ailleurs, la concentration des terres a été plus marquée encore ces dernières années. Les agriculteurs ont intérêt à accroître la taille de leur exploitation pour au moins deux raisons. La première est que, pour maintenir leur revenu, les agriculteurs sont dans l'obligation d'accroître leur exploitation afin d'augmenter leur offre individuelle. Les primes directes ne compensent pas la totalité de la baisse des prix des produits. De même, la mise en jachère est assortie d'une aide qui ne correspond pas au manque à gagner. De plus, en acceptant le principe de l'extensification de la production, notamment bovine, s'ils veulent conserver la même quantité de bétail, ils doivent accroître alors la superficie de l'exploitation. La deuxième raison justifiant une plus grande concentration, c'est que les agriculteurs peuvent obtenir des économies d'échelle en amortissant leur matériel sur une surface plus importante.

Dans ces conditions, il est clair que les politiques régionales peuvent atténuer les incidences de la P.A.C.. Les autorités nationales, voire régionales, sont alors incitées à demander une plus grande liberté vis-à-vis de la politique commune.

§ 2 - Le développement des politiques régionales

La politique agricole commune peut être considérée comme une politique de rang supérieur avec pour instruments décentralisés d'exécution les politiques nationales. En effet, les domaines d'intervention de la P.A.C. sont nombreux. Par l'intermédiaire des organisations communes de marché (O.M.C.) et du FEOGA-garantie, l'Union Economique régit l'organisation des principaux marchés, la fixation des prix, la protection aux frontières, les aides à l'exportation,..., et donc un cadre général de fonctionnement de l'agriculture des Etats-membres. De plus et par l'intermédiaire du FEOGA-orientation, la P.A.C. a la possibilité de faire évoluer les conditions du développement agricole en soutenant les revenus et la modernisation des exploitations ainsi qu'en intervenant ponctuellement dans le cadre des agricultures régionales.

Cette vision unifiée de la politique agricole commune, qui lui confère une certaine prééminence au sein de l'Union économique, est cependant illusoire pour plusieurs raisons. Tout d'abord, la P.A.C. est toujours au coeur des crises agricoles : crise de débouchés entraînant une crise des budgets de soutien et une crise de l'appareil productif ; crise des revenus, liée aux efforts d'ajustement par les prix provoquant une diminution du nombre d'exploitations et une désertification de nos campagnes ; crise de la politique elle-même qui subit des réformes successives à partir du milieu des années 80. Ensuite la P.A.C. est atteinte par la tendance systématique des pouvoirs publics des différents Etats-membres à reporter sur l'Union européenne la responsabilité des problèmes nationaux. Enfin, la dernière raison et sans doute la principale, la P.A.C. n'a pas été dotée de deux outils indispensables à son unification et à son efficacité.

Le premier est un outil de contrôle des mécanismes principaux de régulation du secteur agricole. Le principe de subsidiarité - impliquant que l'Union Economique se borne à intervenir, à travers la P.A.C., dans des domaines délaissés au niveau national - et la capacité des Etats à préserver leurs intérêts nationaux laissent à ces derniers une large marge de manoeuvre et la pleine disposition de certains outils essentiels d'intervention comme la fiscalité, les régimes sociaux agricoles, le droit foncier et les régimes successoraux,... De plus, une grande autonomie est laissée aux pouvoirs publics nationaux dans l'application des mesures socio-structurelles communautaires (modernisation des exploitations, aides régionales ou encore politique des taux d'intérêt). Ces différents faits aboutissent parfois à une compensation des effets de la politique agricole commune par des mesures nationales voire régionales.

Le deuxième outil correspond à des moyens de régulation des compromis sociaux. La P.A.C. est au centre des compromis entre les Etats-membres tout en étant en retrait de la gestion des conflits internes à chaque Etat. Elle est absente au moment où la politique affronte la réalité c'est-à-dire lors de l'élaboration de la politique, au niveau de chaque Etat, qui s'effectue sous la pression de multiples intérêts divergents et lors de l'exécution de la politique en laissant des possibilités d'ajustement très importantes par rapport à des dispositifs économiques, sociaux et politiques particuliers.

A travers ce schéma, on voit que les régions jouent également un rôle conséquent dans la régulation et le financement des activités agricoles. La montée du rôle des régions est due à deux éléments.

Le premier correspond au développement de processus de décentralisation dans bon nombre d'Etats membres mais à des degrés divers. S'il y a un fossé entre la décentralisation française et l'organisation de l'Etat fédéral allemand, cet écart se retrouve dans les interventions régionales de politique agricole. En général, les régions financent rarement le développement sectoriel lourd et concentrent leurs actions sur l'environnement de l'agriculture productive : infrastructures, commercialisation, diversification des activités rurales.

En Allemagne, les länders cofinancent l'essentiel de la politique agricole par leurs administrations locales et mettent en oeuvre des programmes agri-environnementaux très lourds ayant pour objectif de soutenir notamment les revenus des agriculteurs. Les länders financent environ 30% de la politique de structure. En revanche en France, les régions (et départements) ont des possibilités d'action beaucoup plus restreintes. Les mesures agricoles des départements représentent 2% du budget agricole national.

Tableau 19 :

Les financements de l'agriculture
dans l'Union Economique

Union Economique	Etat	Régions
FEOGA-Orientation : - Fonds structurels	Financement d'Etat	Financement régional
(exemples : Investissement, jeunes agriculteurs,..)		
- Fonds socio-structurels	Politiques socio-structurelles nationales	Cofinancement des régions (Allemagne)
(exemples : Gel des terres, extensification, reconversion,..)		
FEOGA-Garantie : - Paiements compensatoires (Céréales, protéagineux,..) ou Paiements directs (Oléagineux, tabac, blé dur, ovins,..)		
- Soutien des marchés (Céréales, lait,..)	Marchés	
- Politiques nationales d'accompagnement	Politique Sociale, fiscale et mesures diverses	
		Mesures régionales d'aides à l'agriculture

La deuxième raison est la multiplicité des actions communautaires territorialement sélectives qui vont de l'indemnité compensatoire pour les agriculteurs des zones défavorisées jusqu'au zonage par "objectifs" de l'Union économique selon la gravité des problèmes de développement. Mais ces actions régionales sont souvent l'enjeu de conflits surtout dans les Etats où les régions jouent un rôle important dans l'application des politiques agricoles (Allemagne, Italie).

Les pouvoirs régionaux, étant élus par suffrage direct, tendent à affronter le pouvoir central pour mettre en place des choix propres à la région ou refusent d'appliquer certaines mesures centrales. Ces conflits traduisent la situation incertaine de la politique agricole à travers les processus de décentralisation des régions.

Quoi qu'il en soit, certains éléments montrent le renforcement d'un système centralisateur au niveau européen dans le domaine agricole et la prédominance de la P.A.C.. La succession des crises sur les marchés agricoles a conduit à un alourdissement des contraintes communautaires auxquelles se sont pliés les Etats-membres. La politique agricole commune a renforcé, au cours des années 80, les actions et les contraintes liées au soutien des marchés et au contrôle de l'offre : fixation réglementaire des quotas (laitiers par exemple), multiplication des primes incitant à la réduction des productions (lait, fruits,...). De plus, en développant des programmes intégrés, visant des zones rurales délimitées et généralement en difficultés, la P.A.C. s'alloue la maîtrise d'une grande partie de la politique de développement rural.

Mais cette orientation à la centralisation est plus ou moins ébranlée par de multiples phénomènes. Tout d'abord, l'objectif initial de la P.A.C. - qui était d'orienter et d'aider la modernisation des exploitations familiales "viables" autour des principes généraux de croissance et d'amélioration de la productivité agricole, les deux étant favorisées par une substitution travail/capital - a été abandonné sous l'effet de crises accélérées des débouchés et de croissance des stocks. Le marché est devenu l'élément régulateur et les ajustements nécessaires s'effectuent à travers l'intervention socio-structurelle de l'Union économique dans deux directions principales, à savoir : la maîtrise de l'offre et la multiplication des transferts compensatoires. Ceux-ci ont pour finalité d'atténuer les baisses de revenus agricoles issues de l'existence de déséquilibres sur les marchés.

De plus, la mise en oeuvre de la P.A.C. par les Etats-membres est très différenciée. Les politiques nationales, mises en oeuvre par ces derniers, montrent chacune certaines originalités. Par exemple, si l'Allemagne et la France recourent de façon équilibrée à tous les instruments communautaires, il n'en est pas de même pour tous les autres pays membres de l'Union économique. Au Royaume-Uni, les soutiens de marché sont faibles. En revanche, les paiements directs aux produits et les aides aux revenus sont très importants. A l'opposé, les soutiens de marchés représentent l'essentiel des transferts au Danemark et aux Pays-Bas. Cette diversité des politiques agricoles nationales est accentuée aujourd'hui par l'ampleur des contraintes nouvelles (saturation des marchés, accroissement du nombre des Etats-membres, multiplication de mesures partielles,..) et par l'ampleur des menaces pesant sur l'avenir de l'agriculture européenne. En fait, le remplacement des soutiens de marché par des aides directes implique un renforcement des politiques nationales dans le cadre de la P.A.C.. Enfin, si la politique socio-structurelle s'appliquait, jusqu'au début des années 80, de façon uniforme dans l'ensemble de la Communauté, elle s'est progressivement régionalisée par la croissance continue de l'indemnité compensatoire pour zones défavorisées. L'existence et surtout la croissance de cette dernière ont fait naître une concurrence dans l'obtention de celle-ci entre des secteurs agricoles plus ou moins implantés régionalement. Cette concurrence a créé une nouvelle configuration d'intérêts parfois divergents ou en tout cas difficilement compatibles entre les différentes agricultures régionales (productions de lait, de viandes ou encore de céréales).

CHAPITRE II -

L'avenir de

l'agriculture française

dans la compétition internationale

L'avenir de l'agriculture française ne peut être défini que par rapport à l'Europe et à l'organisation du commerce mondial. Par rapport à l'Europe tout d'abord, la France apparaît pour l'instant comme la grande puissance agricole avec le quart du total des productions communautaires. Dc plus, elles sont de bonne qualité et extrêmement diversifiées. Mais l'élargissement de l'Union européenne à de nouveaux pays pourrait remettre en cause cette prédominance. L'entrée de la Suède, de la Finlande, de l'Autriche et ultérieurement, peut-être de la Norvège - qui ont des agricultures peu performantes et fortement aidées par les pouvoirs publics - renforce l'idée de Bruxelles selon laquelle l'agriculture est davantage faite pour occuper le territoire que pour être compétitive. A l'avenir, l'ouverture de l'Europe aux pays de l'Est (Pologne, Hongrie, Slovaquie et Tchéquie, voire les pays Baltes et l'Ukraine) - dont les potentiels d'exportation de produits agricoles sont considérables - risque à nouveau de troubler le fonctionnement des marchés internes à l'Union. Cependant, cette ouverture vers l'Est renforce à terme le poids de l'Europe dans les négociations mondiales et crée de nouvelles possibilités de développement des marchés industriels et des services. Par rapport à l'organisation mondiale du commerce, l'agriculture française et européenne est soumise aux impératifs de la libéralisation des échanges imposée par l'Uruguay Round en décembre 1993. Il est certain qu'elle devra faire preuve d'ingéniosité pour affronter les diverses contraintes issues de ces accords (baisses des productions, des prix et des subventions). L'avenir ne peut être appréhendé qu'avec beaucoup d'incertitudes.

Section 1 - La place de l'agriculture française en Europe

En Europe, l'agriculture française se situe au premier rang avec le quart du total des productions communautaires. Sa prédominance dans certaines productions comme les céréales, le vin, le lait, le sucre,... est due à un potentiel de production exceptionnel, tant par l'étendue de la surface agricole exploitée que par la variété climatique et pédologique. Mais les rendements nationaux sont inférieurs à ceux des pays d'Europe du Nord-Ouest, montrant que la France n'a pas opté pour une forte intensification de sa production. Si, dans l'absolu, le nombre de tracteurs et le volume d'engrais sont les plus forts d'Europe, rapportés à la superficie, la France n'arrive alors qu'au sixième rang européen. D'ailleurs, l'excédent agro-alimentaire français vis-à-vis du reste de l'Europe ne représente que la moitié de celui des Pays-Bas qui a une superficie agricole treize fois moins importante et un nombre d'agriculteurs six fois moins élevé.

§ 1 - La population agricole

De 1954 à 1990, le nombre d'exploitants agricoles a été divisé par quatre. Cette contraction des effectifs s'est renforcée avec le temps : de - 3 à - 4% par an entre 1954 et 1982 à près de - 5% en moyenne entre 1982 et 1990. Elle a été ensuite un peu plus faible entre 1990 et 1995 (- 2,5%). La réduction du nombre de salariés agricoles a été tout aussi brutale.

Tableau 20 :

La population active agricole (en milliers)

	1954	1962	1968	1975	1982	1990	1995
Exploitants agricoles							
	3984	3011	2460	1652	1448	982	859
Salariés agricoles							
	1151	830	588	372	304	282	220
Population agricole							
	5135	3841	3048	2024	1752	1264	1079
En % des actifs							
	26,8	20,0	14,9	09,3	07,5	0,50	04,9

Source : INSEE, recensement de la population

L'évolution est la même dans l'ensemble des pays européens. Cependant en 1990, la France a un taux - population active agricole / population active totale - inférieur à la moyenne de l'Union européenne (8,4%) mais encore très supérieur à celui du Royaume-Uni (2%) ou des Pays-Bas (3,7).

Tableau 21 :
Population active agricole / Population active totale (en %) en 1990

U.E.B.L.	1,8	Italie	7,1
Royaume Uni	2,0	Moyenne	8,4
Pays-Bas	3,7	Espagne	10,7
Danemark	4,7	Irlande	13,5
France	5,0	Portugal	16,3
Allemagne	5,8	Grèce	24,2

De même, la part de la population agricole active et retraitée dans la population rurale en France baisse de manière continue depuis la fin des années 60 (22,9% en 1968, 13,1% en 1990). Cette diminution est encore plus importante lorsque seuls les actifs sont retenus (17,4% en 1968, 6,7% en 1990) - la population rurale regroupe la population résidant dans des communes de moins de 2000 habitants -. Cette baisse des effectifs agricoles s'accompagne d'une transformation de la structure de la population. Si en 1962, les plus de 65 ans représentaient un pourcentage élevé des exploitants agricoles(12,3%), en 1990, ils ne représentent plus que 3,3% du total. La généralisation de l'indemnité viagère de départ a donc fortement incité les exploitants à cesser leur activité. Il en résulte que la pyramide des âges du recensement de 1990 est concentrée sur les tranches d'âge 40-59 ans puisque les jeunes sont de moins en moins nombreux à continuer l'activité de leurs parents.

Tableau 22 :
Superficie moyenne des exploitations agricoles

Nombre d'exploitations (milliers)					S.A.U. (1)	S.M. (2)	
Pays	1980	1985	1990	1993	1993	1980	1993
All.	849	740	653	606	17022	14,3	28,1
Fr.	1255	1057	923	801	28531	23,3	35,6
It.	2832	2801	2664	2488	14484	5,6	8,4
P.B.	148	135	125	119	2037	13,7	17,1
Belg.	115	97	85	76	1344	12,3	17,7
Lux.	5	4	4	3,5	127	25,0	37,3
R.U.	268	258	243	243	16382	63,6	67,4
Irl.	223	220	170	159	4277	22,6	26,9
Dan.	122	92	81	73	2739	23,8	37,5
Grèce	898	951	850	819	3538	3,5	4,2
Esp	nd	1524	1593	1383	24714	nd	17,9
Port	nd	349	598	489	3950	nd	12,4
Autric	nd	nd	278	267	3448	nd	12,9
Finl	nd	nd	199	116	2689	nd	23,2
Suède	nd	nd	97	91	3111	nd	34,0

(1) Surface agricole utilisée (en milliers d'hectares)

(2) Surface moyenne (S.A.U. / nombre d'exploitations)

Source : Eurostat, Enquête communautaire

Ce phénomène laisse présager une diminution du nombre d'exploitants et une concentration de la production par accroissement de la superficie des exploitations agricoles. En 1990, les exploitations agricoles en France sont assez grandes par rapport à nos voisins, hormis celles qui pratiquent l'élevage extensif.

Tableau 23 :

Répartition des exploitations agricoles selon leur superficie en France (en milliers)

Classe de superficie	1955	1970	1979	1988	1995
< 10 hectares	1299	702	524	390	270
10 à 50 ha.	941	754	591	455	266
50 à 100 ha.	75	101	114	128	128
> 100 ha.	20	30	35	44	70

Source : I.N.S.E.E., Rapport annuel, 1995.

L'exode agricole est donc la résultante de trois tendances : les départs plus précoces à la retraite, les non-entrées de jeunes et la mobilité vers d'autres activités. Mais ce dernier facteur reste très marginal; l'enquête Formation Qualification Professionnelle de l'I.N.S.E.E. en 1985 retrace les changements de profession des personnes interrogées entre 1980 et 1985. Il apparaît que de toutes les grandes catégories professionnelles, les exploitants agricoles restent les plus stables. Des 40-59 ans, moins de 3% des exploitants ont quitté l'agriculture sur ces cinq années. A l'entrée également, la mobilité est beaucoup plus faible que dans les autres catégories socio-professionnelles. Seuls 7% des 25-39 ans ont abandonné leur activité agricole entre 1980 et 1985. Si l'agriculture conserve ses exploitants agricoles, peu de nouveaux arrivent en provenance d'autres professions. L'agriculture peut être considérée comme une profession fermée. Toutefois, elle conserve des échanges notables avec le milieu ouvrier. Pour beaucoup de jeunes issus du monde agricole, un emploi d'ouvrier correspond bien souvent à une situation transitoire avant de reprendre l'exploitation familiale. Mais les résultats du recensement de 1990 suggèrent que les sorties du monde agricole, en cours de carrière, ont été beaucoup plus nombreuses dans les années 80 qu'auparavant. Cette baisse des effectifs est associée à une concentration des terres et des activités. Compte tenu de la dimension insuffisante de certaines exploitations, bon nombre de fils d'agriculteurs sont obligés de rechercher un autre métier. Seul un fils d'agriculteur sur trois, parmi les 40-59 ans est resté sur l'exploitation(un sur quatre parmi les 25-39 ans). Il y a donc une accélération de la mobilité sociale de génération en génération. De ce fait, la superficie des exploitations s'accroît. La moitié des fils d'agriculteurs, ayant repris l'exploitation familiale dirige maintenant une moyenne ou grande exploitation contrairement à leur père; la régression des superficies est très rare puisque peu d'enfants prennent la succession des parents.

Autre caractéristique de l'exploitation : elle repose de plus en plus sur une seule personne qui réalise la moitié du travail. Le conjoint, même s'il travaille à l'extérieur effectue une partie du travail et les salariés permanents deviennent de plus en plus rares; l'évolution de la situation des conjoints (pour 88% des femmes) est rapide; elles exercent pour un quart d'entre elles en 1988 - soit deux fois plus qu'en 1979 - une profession non agricole (la majorité étant des employées, 20% d'entre elles sont cependant cadres moyens en 1988). La distinction s'affirme donc entre le travail professionnel extérieur non agricole et l'aide dans l'exploitation. Le milieu agricole s'ouvre donc mais sous la contrainte de revenus insuffisants. Ainsi, l'activité multiple des couples, vivant sur une exploitation agricole, devient de plus en plus fréquente. Cela traduit et conduit également à un changement des mentalités. De plus, la moitié des chefs d'exploitation déclarait en 1988 ne consacrer qu'une partie de leur temps aux travaux agricoles - près d'un tiers travaillait moins d'un mi-temps -. Cependant le temps partiel traduit deux réalités; la première combine l'activité à temps partiel et la retraite. En 1988, ils étaient 189 000 dans ce cas, parmi la classe d'âge 60 ans et plus, soit environ un cinquième de la population totale des chefs d'exploitation. Pour ceux qui avaient moins de 60 ans, il existe, même si le fait est difficilement quantifiable, un chômage partiel. La deuxième réalité est la double activité; un cinquième des chefs d'exploitation exerçait en 1988 une activité principale non agricole (ouvriers, employés et cadres moyens pour l'essentiel) et une activité d'exploitant en complément.

Les activités para-agricoles constituent également un moyen de continuer et de trouver de nouveaux débouchés à l'exploitation. La moitié de celles-ci ont aujourd'hui une activité para-agricole contre un quart en 1979. La vente directe de produits fermiers est très fréquente à laquelle s'ajoutent les ventes de produits transformés (vins et alcools locaux). Autres activités en plein essor : l'hébergement et la restauration, même si ces activités apparaissent comme beaucoup plus marginales que dans les autres pays d'Europe du Nord. En 1988, alors que 4% des exploitations en Allemagne Fédérale avaient une activité d'hébergement ou de restauration, 7% en Grande Bretagne, 10% en Autriche et 20% en Suède, seulement 1,6% des exploitations en France avaient une activité comparable; l'hébergement seul est le plus répandu (gîtes ruraux, camping et chambres d'hôtes). Ces quelques solutions ont permis de maintenir un certain nombre d'agriculteurs sur leur exploitation en constituant un revenu supplémentaire.

§ 2 - L'évolution des revenus agricoles

S'il y a un élément relativement peu connu dans l'agriculture, c'est bien le revenu. C'est pourquoi les données statistiques sont ou vieilles, ou imprécises. Cependant, quelques caractéristiques peuvent être présentées. Dans le monde agricole, la dispersion des revenus est forte et dépend à la fois de la taille de l'exploitation et de l'activité principale, très différenciée selon les régions. A côté des grandes exploitations tirant exclusivement leurs revenus de l'agriculture, une quantité non négligeable de très petites exploitations cherchent des solutions pour obtenir des revenus supplémentaires. Les fluctuations, sur le long terme comme sur le court terme, du revenu moyen agricole sont cependant grandes. D'une période plutôt faste de croissance très rapide du revenu moyen de 1960 à 1973, les agriculteurs sont tombés dans une période de détérioration structurelle de 1974 à 1980. La croissance des prix des matières premières et donc de leurs coûts de production en est le principal facteur. Après une période de stabilisation du revenu réel des agriculteurs allant jusqu'en 1988, celui-ci s'accroît jusqu'en 1990 pour diminuer ensuite. L'amélioration de la productivité du secteur agricole a permis cette croissance du revenu bien que les prix à la production se soient effondrés depuis le milieu des années 70.

Tableau 24 :

Evolution des revenus et des prix agricoles
(Francs constants, base 100 en 1970).

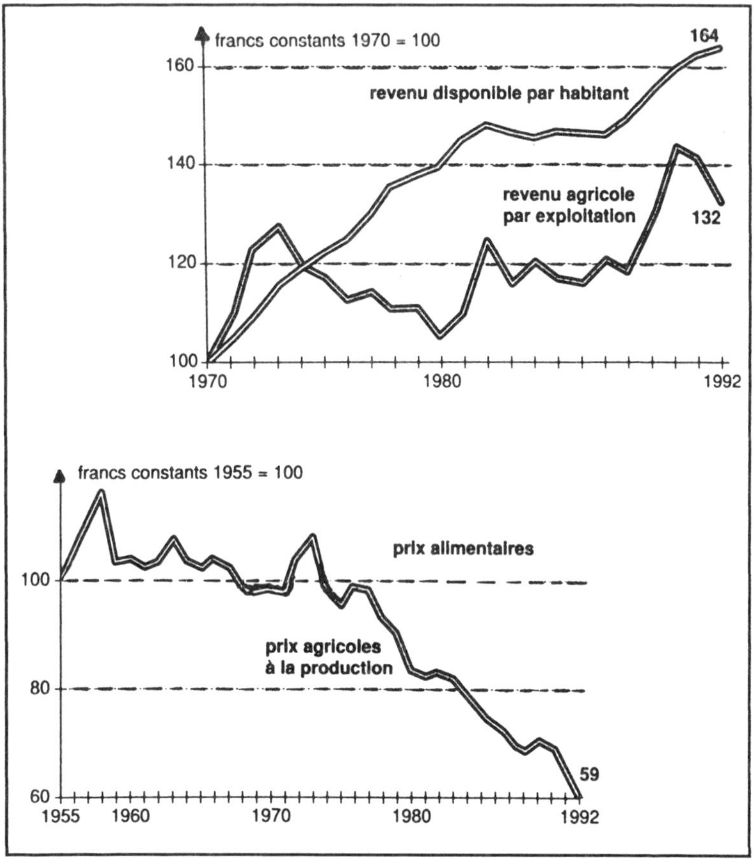

Source : I.N.S.E.E.

Le revenu net des ménages d'agriculteurs est supérieur au revenu moyen de l'ensemble de la population française. Il est cependant très inférieur à celui des professions indépendantes non agricoles, des cadres et des professions intermédiaires mais supérieur au revenu des employés et des ouvriers. De 1970 à 1988, la position relative des agriculteurs se détériore puisque leur revenu disponible net passe, sur la période, de 113 à 108 par rapport à un revenu égal à 100 pour l'ensemble des ménages. Cette détérioration est tout aussi importante lorsqu'on tient compte de la taille du ménage. Il en ressort que le revenu moyen des agriculteurs par unité de consommation ne dépasse que très légèrement celui des ouvriers et employés et est inférieur au niveau moyen de l'ensemble des ménages.

De plus, il convient de souligner que la part des revenus agricoles, dans le revenu global des agriculteurs, diminue progressivement selon l'I.N.S.E.E. de 72% en 1970 à 58% en 1988. Dans le même temps, la part des revenus salariaux a doublé et celle des prestations sociales s'est fortement accrue pour atteindre quasiment un cinquième du revenu global.

L'éventail des revenus agricoles est cependant très large. A la fin des années 80, dans plus de la moitié des départements français, les agriculteurs perçoivent un revenu moyen inférieur à la moyenne nationale. A l'opposé, dans cinq départements, le revenu moyen des agriculteurs est plus du double. Même à l'intérieur des grandes régions agricoles, une forte hétérogénéité des revenus apparaît. Celle-ci est liée à la nature des productions. Les grandes cultures, l'arboriculture et la viticulture de qualité ainsi que l'élevage hors sol (volailles, porc) procurent des revenus supérieurs à la moyenne. En revanche l'élevage extensif et la polyculture correspondent à des activités peu rémunératrices. Rares sont les régions où le revenu brut moyen par exploitation progresse - essentiellement des régions viticoles -. Les grandes régions céréalières voient à l'opposé leur revenu moyen diminuer très fortement (Ile de France, Picardie, Nord) tout en gardant, du moins pour les deux premières régions, un revenu supérieur au revenu moyen national.

Les disparités individuelles de revenu sont tout aussi fortes que les disparités régionales. Mais, l'apport d'autres sources de revenus (salaires et retraites) les atténue en arrivant en complément des plus faibles revenus. En 1984, sur les seules exploitations imposées au forfait - forfait calculé en fonction du bénéfice moyen à l'hectare de la région considérée - la moitié des exploitations détenaient à peine 16% du revenu agricole total tandis qu'à l'opposé 6% détenaient 22%. C'est dire la grande disparité des revenus individuels.

Le revenu agricole varie ainsi de 1 à 5 entre l'exploitation de petite taille et celle de grande taille. Cette disparité provient en grande partie de la nature même de l'activité agricole. Certains exploitants atteignent le seuil de pauvreté; sur 13 800 bénéficiaires du Revenu Minimum d'Insertion (R.M.I.) relevant du régime agricole en 1990, plus de la moitié d'entre eux (7415) étaient des chefs d'exploitation, leurs conjoints ou des aides familiaux. De plus, leur nombre augmente régulièrement. Ces bénéficiaires du R.M.I. sont en moyenne plus âgés (48 ans) que ceux qui relèvent du régime général et n'ont bien souvent aucune formation initiale (10% ne lisent pas le français et 22% ne l'écrivent pas). Ainsi, ils sont difficilement insérables dans le tissu économique. Le R.M.I. permet donc à ces exploitants de très petites fermes de rester sur leur exploitation jusqu'à ce qu'ils perçoivent la retraite.

Au niveau européen, les agriculteurs d'Espagne, du Luxembourg, d'Irlande, des Pays-Bas, d'Allemagne et de Grèce voient leurs revenus progresser tendanciellement sur la période 1980-1990. La France, le Portugal et la Belgique ont un revenu moyen agricole stagnant avec cependant des fluctuations d'année en année. La situation se dégrade depuis 1985 au Royaume-Uni et au Danemark et de façon constante depuis 1980 en Italie. Ces évolutions contrastées n'ont pas modifié la hiérarchie des revenus agricoles entre les Etats européens. Les pays du nord de l'Europe (Pays-Bas, Danemark, Belgique) sont toujours aux sommet de la hiérarchie, ceux du Sud (Espagne, Grèce, Portugal, Italie) et l'Irlande en bas de l'échelle. Les agriculteurs du nord de l'Europe perçoivent plus du double de la moyenne communautaire tandis que ceux du sud restent bien en deçà. La France occupe une place intermédiaire dans cette hiérarchie. Les différences sont cependant moins importantes lorsqu'il est tenu compte du niveau général des prix.

Les comparaisons nationales masquent de grandes variations de revenus au sein des pays. Le revenu net, après paiement des salaires, des fermages et des intérêts d'emprunt, est inégalement réparti dans la plupart des pays, notamment dans le sud de l'Europe. Seuls les pays du nord présentent une répartition uniforme. Le Danemark fait exception ; les très bas revenus y sont aussi fréquents qu'en Espagne ou en Italie. L'endettement des agriculteurs danois, suite à la crise du porc, a fait augmenter le nombre d'exploitations à très faible revenu. La France, l'Allemagne et l'Irlande font apparaître une hiérarchie des revenus assez peu dispersée. Au Royaume-Uni, les exploitations sont regroupées aux extrémités de l'échelle des revenus.

Tableau 25 :

Indice de la valeur ajoutée nette, au coût des facteurs, par unité de travail annuel (en indice : base 100 par pays en 1985)

Pays	1980	1982	1984	1986	1988	1990
Espagne	86	90	101	95	120	123
Luxemb	70	106	98	102	108	115
Irlande	85	97	115	90	125	116
Pays-B	75	95	101	103	103	118
R.F.A.	90	115	102	103	110	115
Grèce	90	100	98	100	115	112
France	85	105	102	101	95	115
Belgique	107	100	103	98	99	98
Portugal	98	100	100	102	82	100
R-Uni	88	103	112	98	86	92
Danem	65	113	105	100	82	96
Italie	106	104	100	98	95	90

Source : Eurostat

Quant aux salariés agricoles, ils perçoivent également des rémunérations très faibles, bien inférieures (20% en moins) au salaire moyen de l'ensemble des ouvriers. Cependant, les ouvriers agricoles bénéficient de quelques avantages en nature qui réduisent un peu les écarts de salaires (nourriture, logement); mais cette tendance décline progressivement.

Tableau 26 :

Rémunération des ouvriers agricoles en 1990
(salaire médian)

	Hommes	Femmes	Ensemble
1. Ouvriers agricoles	5 000	4 025	4 800
2. Ensembles des ouvriers	6 330	4 820	6 000
3 = 1 / 2	0,79	0,83	0,80

Source : INSEE, enquête sur l'emploi, mars 1991

Section 2 - L'agriculture française face à l'organisation mondiale des échanges

L'agriculture française et européenne a progressivement remis en cause l'hégémonie américaine sur le marché mondial des produits agricoles. C'est pourquoi, même si ces derniers n'avaient pas été intégrés dans les négociations commerciales internationales, ils sont devenus, à partir du milieu des années 1980, un objet d'affrontement permanent entre les Etats-Unis et la C.E.E.. L'Uruguay Round, compromis dans cette lutte commerciale, a renforcé le poids des Etats-Unis dans ce secteur sensible et qui reste stratégique. En conséquence, le paysage agricole et les objectifs de l'agriculture risquent d'en être affectés.

§ 1 - La remise en cause de l'hégémonie américaine

Depuis 1978, la France se place au deuxième rang des plus grands exportateurs agro-alimentaires mondiaux, derrière les

Etats-Unis et juste devant les Pays-Bas (Tableau 27).

Cependant, la force du secteur agricole français sur les marchés mondiaux repose sur des ventes de produits bruts (céréales, viandes, produits laitiers), produits fortement subventionnés par les mécanismes communautaires, rendant ce secteur très dépendant de l'état des finances de la C.E.E. et des orientations de politique. De plus, La C.E.E. reste un gros importateur de produits agricoles tels les fruits et légumes, les plantes et les fleurs, les corps gras d'origine animale et le tabac.

Tableau 27 :

Evolution des parts de marché entre 1980 et 1990

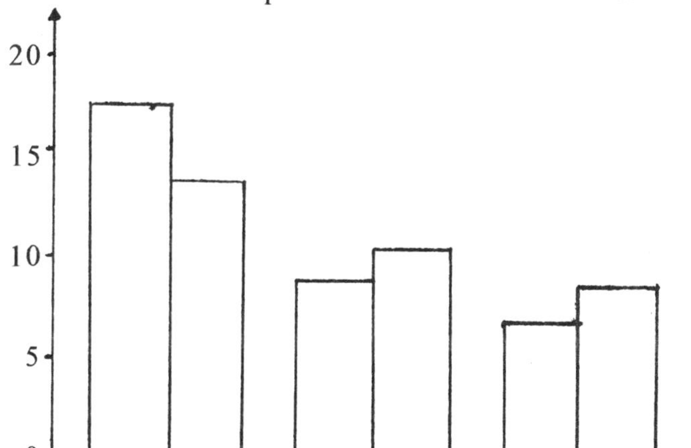

Source : G.A.T.T.

Mais les marchés internationaux sont devenus, pour la France comme pour la C.E.E. d'ailleurs, des débouchés de première importance. Par exemple, la France, dont la production de blé dépasse les 30 millions de tonnes dans les années 1990, en consomme 40% sur son marché intérieur, en exporte 33% vers les pays membres de l'Union et 27% vers les autres pays. La C.E.E. réalise, à elle seule, 73% des exportations mondiales de vins, 48% pour le lait et les produits laitiers, 20% pour le blé et le sucre et un peu moins pour la viande bovine (18%). Elle est le second exportateur mondial mais se rapproche progressivement des Etats-Unis -

premier exportateur -. A eux deux, ils réalisent 25% des exportations mondiales. Pendant les années 1980, la C.E.E. a gagné des parts de marché en bénéficiant de l'envolée du dollar américain et aussi des restitutions liées aux exportations. Les produits exportés sont très variés : boissons et alcools, céréales et produits dérivés, produits laitiers, viandes et sucre.., et ont des destinations aussi diverses que les Etats-Unis, le Japon, la Russie et les autres pays de l'ex-U.R.S.S., la Suisse, l'Arabie Saoudite et l'Algérie.

Cependant, la C.E.E. est le premier importateur mondial. Les importations agro-alimentaires de l'Europe en provenance des pays tiers sont croissantes. Au début des années 1990, elles représentaient plus de 50 milliards de dollars, soit 15% des importations mondiales. Le Japon et les Etats-Unis se situent loin derrière avec respectivement 8% et 7,5% des importations agro-alimentaires mondiales. Les produits importés (céréales, graines et tourteaux d'oléagineux - destinés à l'alimentation du bétail -,..) proviennent essentiellement des Etats-Unis, du Brésil, d'Argentine et de la Thaïlande. Ainsi l'Europe est déficitaire, les exportations ne couvrent en effet que les 3/4 des importations de produits agricoles de l'Europe.

La prédominence des Etats-Unis, depuis la fin de la deuxième guerre mondiale, sur le marché des oléo-protéagineux - marché des huiles et marché des protéines - a été progressivement remise en cause. Si le marché de l'huile est relativement ancien et stable - même si une certaine concurrence s'est là aussi instaurée dans les années 1980 -, le marché des protéines animales (farines et tourteaux) est en plein bouleversement. En effet, si historiquement les Etats-Unis sont « leader » sur ce marché, leur place se relativise. Dans les années 1930, le puissant groupe de pression « l'American Soybean Association » mit à l'abri, le marché intérieur de la filière, de la concurrence étrangère par un système de droits de douane. Elle a ensuite participé, dans les années 1950, au développement de la production par une multitudes d'innovations, les unes permettant l'utilisation de l'huile de soja en alimentation, les autres facilitant l'utilisation sous forme de tourteaux, des résidus de la « trituration » des graines de soja. Dans les années 1960, les Etats-Unis ont obtenu de la Communauté européenne que les oléagineux et les produits dérivés puissent pénétrer en franchise de droits de douane sur le marché européen. Le marché mondial des protéines animales voit croître ses débouchés très rapidement du fait de leur utilisation intensive dans l'alimentation animale des élevages « hors sol » qui se développèrent dans les pays industriels sous l'influence d'un accroissement de la demande de viande. Mais les années 1980 sonnent le glas de cette prééminence américaine sur le marché mondial. Plusieurs raisons peuvent expliquer ce renversement. La première est que la forte hausse du prix du soja en 1973 a stimulé le développement de la production dans d'autres pays, comme le Brésil et l'Argentine qui exportent surtout des produits dérivés à plus forte valeur ajoutée. Ainsi, la part des Etats-Unis, dans les exportations mondiales de soja, passe de 83% en 1972-74 à 64% en 1991-1993. Pour l'huile de soja, la perte de part de marché est considérable, celle-ci passe de 59% à 22% pour les mêmes périodes.

Tableau 28 :

Structure (en %) dans les exportations mondiales de Soja des Etats-Unis, du Brésil et de l'Argentine en 1972-1974 (EU), 1982-1984 et 1991-1993.

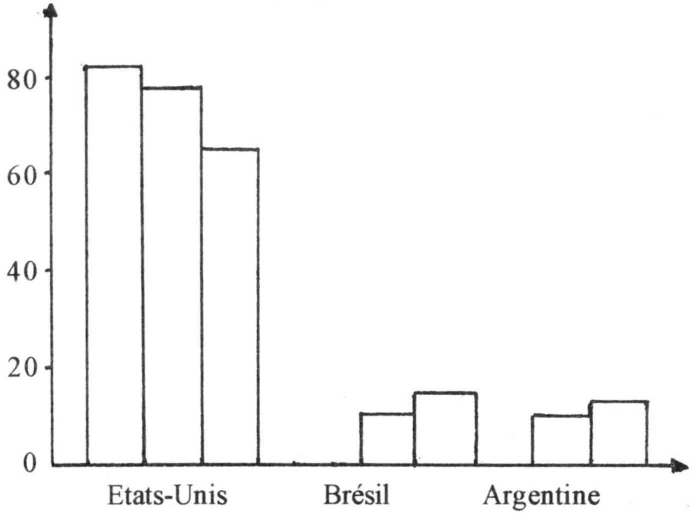

Source : G.A.T.T.

La deuxième raison est que l'embargo, décrété en 1973 par le Président Nixon sur les exportations américaines de soja, a montré aux pays importateurs, et notamment à l'Europe, qu'ils étaient excessivement dépendants de la production américaine de soja. Ainsi, la C.E.E. a mis en place un système de paiements compensatoires pour encourager sa production. L'effet de cette politique s'est fait sentir au début des années 1990, puisque la production qui n'était que de 2 millions de tonnes en 1970 passe à plus de 13 millions en 1990. La troisième raison est l'essoufflement de la croissance de la demande de viande dans les pays industriels qui se répercute automatiquement sur la demande de produits d'alimentation animale. Le soja est alors touché par ce phénomène.

Le marché des céréales a été également au centre des différends opposant la C.E.E. et les Etats-Unis dans le cadre des négociations du G.A.T.T.. Lors de l'Uruguay Round, les Etats-Unis montrèrent la décroissance de leur part de marché dans les échanges internationaux de céréales sous l'effet d'une concurrence « déloyale » de la C.E.E.. En effet, celle-ci par le jeu des restitutions accordées aux exportations de céréales, et en particulier de blé, avait vu ses exportations croître très nettement pendant les années 1970 - 1980. Pour le blé, par exemple, alors que 5 à 6 millions de tonnes étaient exportées chaque année par la C.E.E. dans les années 1970 à des pays tiers, ce sont plus de 20 millions de tonnes qui sont exportées à la fin des années 1980. Mais il faut souligner que la part sur le marché mondial du blé détenu par la C.E.E. n'a que faiblement évolué passant de 16% en 1981 à 18% en 1987 ; cette situation s'est ensuite stabilisée au cours des négociations du G.A.T.T.. De plus, alors qu'au début des années 1970 l'Europe des « neuf » importait 25 millions de tonnes de céréales chaque année, elle n'importe plus aujourd'hui que 5 millions de tonnes de céréales, dont l'essentiel correspond aux importations de céréales fourragères. Sur ce domaine agricole, il convient de noter la prééminence des Etats-Unis. En effet, ils réalisent 30% de la production mondiale de céréales fourragères et plus de 40% de celle du maïs. Leur poids dans les exportations mondiales est écrasant puisqu'ils réalisent les trois cinquièmes des exportations mondiales de céréales fourragères et les trois quarts de celles du maïs. La « guerre » commerciale entre les Etats-Unis et la C.E.E. devenait peu à peu inévitable si on ajoute aux modifications relatées ci-dessus[1] la saturation du marché des céréales qui apparaît à la fin des années 1980.

Ainsi, les européens, tout comme les canadiens d'ailleurs, ont été amenés à revoir les mécanismes de soutien, dont bénéficient les producteurs de céréales, pour les rendre plus compatibles avec les règles du G.A.T.T.. Mais à travers le débat, par le biais de la négociation du G.A.T.T., sur l'instauration de règles plus concurrentielles sur les marchés mondiaux de produits agricoles, il est probable que les Etats-Unis aient voulu maîtriser, voire bloquer, le développement de la céréaliculture européenne, laquelle est la seule à pouvoir remettre en cause la position « hégémonique » des Etats-Unis sur les marchés mondiaux. En effet, seuls les Etats-Unis et la C.E.E. sont capables de pouvoir répondre rapidement aux évolutions de la demande mondiale. Au-delà de ces enjeux économiques, il est possible d'entrevoir des enjeux politiques qui conduiraient à assoir le pouvoir des Etats-Unis grâce au contrôle des marchés mondiaux de produits agricoles. Le marché des céréales deviendrait alors une « arme alimentaire ».

Un deuxième point qui oppose les Etats-Unis et l'Europe dans cette séparation des grands marchés, est le problème des subventions. En effet, les Etats-Unis accuse la C.E.E. de subventionner anormalement les productions agricoles. Même si l'Europe est de loin l'entité qui subventionne le plus les agriculteurs, on s'aperçoit que tous les pays se sont lancés dans les années 1980 dans une course effrénée aux subventions. Les « équivalents subventions à la production » (E.S.P.) s'accroissent dans tous les grands pays industriels.

Exception faite du Japon, compte tenu de ses particularités agricoles, le Canada et la C.E.E. sont à un niveau de subventions à peu près identique. Les Etats-Unis ont un taux

[1] Si les échanges mondiaux de céréales ont doublé de 1970 (100 millions de tonnes) au début des années 1980 (200 millions), ils sont restés quasiment stables ensuite. Le même mouvement est enregistré pour le blé (de 50 à 100 millions de tonnes), puis saturation.

de 30% en 1990 contre 48% en Europe et un peu plus de 10% en Australie. Mais il est intéressant de comparer les subventions par agriculteur. Il apparaît alors que ce sont les agriculteurs américains et canadiens qui perçoivent le plus de subventions par exploitant. L'agriculteur européen est plutôt donc moins aidé que son collègue américain, canadien ou japonais.

Tableau 29 :

Les E.S.P. calculés par l'O.C.D.E.
en pourcentage de la valeur de la production
Australie, Canada, C.E.E., Japon, Etats-Unis

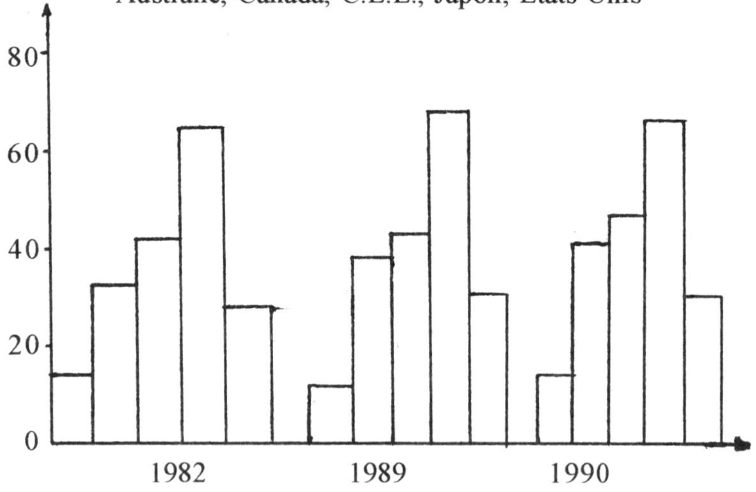

Source : G.A.T.T.

La véritable raison de l'opposition C.E.E. / Etats-Unis est qu'actuellement, ces derniers n'ont plus les moyens budgétaires de poursuivre à la fois une politique de défense des revenus agricoles intérieurs et une politique commerciale active leur permettant de conquérir, voire tout simplement de stabiliser, des parts de marché. Ce face-à-face est tout simplement le résultat d'une démarche purement « individualiste » de chaque bloc, qui les a conduit avant tout à rechercher des débouchés extérieurs à leurs excédents sous couvert d'une opposition entre ceux, montrés du doigt, qui développent des stratégies protectionnistes et les tenants des principes du libre-échangisme.

Tableau 30 :

Les E.S.P. agricoles par exploitant en 1990
en Australie, Canada, C.E.E., Japon, Etats-Unis

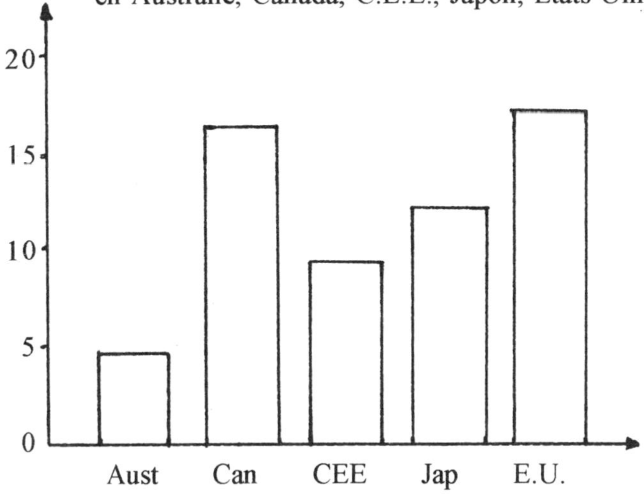

Source : O.C.D.E.

§ 2 - Les produits industriels au coeur des accords d'échanges internationaux

Après la deuxième guerre mondiale, les Etats ont tenté de retrouver, par des voies conventionnelles et institutionnelles, une situation qui prévalait au début du siècle, à savoir la liberté des échanges commerciaux, la non-discrimination et la réciprocité dans les relations commerciales internationales. Tel était l'objet des négociations internationales qui devaient donner naissance à l'Organisation Internationale des Echanges le 24 mars 1948 (Charte de la Havane). La Charte de la Havane a pour finalité d'atteindre les objectifs fixés par la Charte des Nations-Unies, en particulier le relèvement des niveaux de vie, le plein emploi, et le développement économique et social. Les objectifs de la dite Charte sont donc d'assurer un développement constant de la production et des échanges, contribuant ainsi à l'équilibre et à l'expansion du monde, de faciliter l'accès à tous les pays aux ressources mondiales, et de favoriser le commerce international par la réduction des tarifs douaniers et l'élimination des mesures discriminatoires. Mais cette Charte n'entrera jamais en vigueur; elle servira cependant de base à plusieurs accords internationaux.

2.1 - La création du G.A.T.T.

Ainsi, 23 pays décidèrent de diminuer leurs droits de douanes sur un volume d'échanges représentant la moitié du commerce international et mirent en vigueur la partie commerciale de la charte de la Havane. L'Accord Général sur les Tarifs Douaniers, dit G.A.T.T. (General Agreement on Tariffs and Trade), prend forme et entre en vigueur le 1er janvier 1948. Cet accord général est concrétisé par 38 articles destinés à servir de base au commerce international. Il expose les principes directeurs de la libéralisation des échanges, en attendant l'entrée en vigueur de la Charte de la Havane. Ainsi, et depuis sa création, le G.A.T.T. reste un accord commercial multilatéral provisoire, du moins jusqu'à l'issue de l'« Uruguay Round ».

Le rôle du G.A.T.T. est de libéraliser le commerce international et de l'établir sur des bases stables, afin de contribuer à la croissance économique, au développement et au bien-être des peuples. Les principes fondamentaux qui régissent le G.A.T.T., sont au nombre de sept, à savoir :

- La non-discrimination repose sur la clause de la nation la plus favorisée par laquelle un Etat s'engage envers l'Etat cocontractant à le faire participer au traitement le plus favorable qu'il a accordé ou accordera à un pays tiers.

- La réciprocité implique que les Etats liés par l'accord se consentent mutuellement les mêmes avantages.

- La transparence incite les pays membres à remplacer les barrières non tarifaires (tels les quotas d'importation) par des tarifs douaniers, puis de consolider ces derniers.

- Le principe de l'abaissement général et progressif des droits de douane par la voie de la négociation.

- La prohibition des restrictions quantitatives qui freinent le développement du commerce international. Une des exceptions faites à ce principe joue en faveur de la protection de l'agriculture nationale (article XI). Cet article autorise les parties contractantes à instituer des contingents pour stabiliser leur marché agricole en cas de surproduction ou de pénurie.

- La réglementation de certaines pratiques d'exportation et d'importation anticoncurrentielles comme le « dumping » et les subventions. Une subvention consiste « en toute forme de protection des revenus ou de soutien des prix, qui a directement pour effet d'accroître les exportations d'un produit du territoire de la dite partie contractante ou de réduire les importations de ce produit sur son territoire » (article XVI). Les subventions, notamment à l'exportation, ne sont illicites que si elles créent, ou menacent de créer, un préjudice à un autre Etat signataire du G.A.T.T..

- Le principe du règlement des différends qui doit viser d'une part la conclusion d'arrangements internationaux destinés à stabiliser les marchés des produits primaires et faciliter leur accès aux marchés mondiaux, et d'autre part, à examiner les plans de développement des parties contractantes peu développées et à adresser des recommandations.

Ainsi, depuis sa naissance, le G.A.T.T. a rempli une triple fonction. C'est un ensemble de règles convenues multilatéralement, régissant le comportement des gouvernements dans le domaine commercial et constituant, en substance, les règles de conduite du commerce. C'est aussi une tribune où se déroulent des négociations commerciales visant à libéraliser l'environnement des échanges et à le rendre plus prévisible, soit par l'ouverture des marchés nationaux, soit par le renforcement et l'élargissement des règles proprement dites. C'est enfin un « tribunal » international où les Etats peuvent régler leurs différends avec les autres Etats membres du G.A.T.T..

2.2 - Les premiers « Rounds »

Le G.A.T.T. est plus largement connu par les négociations commerciales internationales qui se déroulent de manière discontinue et appelées « Rounds ». Quatre grandes phases de négociations peuvent être distinguées.

Les négociations de Genève et le Dillon Round (1947-1962). L'idée générale était de négocier des abaissements de droits de douane dans le but de libéraliser le commerce international et de développer les échanges dans un contexte de croissance économique internationale, de domination des Etats-Unis et d'émergence de l'Europe. Les négociations ont permis d'aboutir à des réductions très substantielles des droits de douanes entre les pays. Les tarifs douaniers sont divisés par trois de la fin des années 1940 au début des années 1960. Cette réduction des droits de douane entraîne une forte croissance, de 6,1% par an, des échanges internationaux de 1953 à 1963. Mais de nombreux problèmes subsistent. Certains produits, voire secteurs, continuent à échapper à l'emprise du cadre juridique du G.A.T.T. - c'est le cas des produits agricoles -. Ensuite, et du moins jusqu'au Dillon Round, le G.A.T.T. ne prête attention qu'aux obstacles tarifaires, alors que le protectionnisme offre une plus large variété d'obstacles, notamment les mesures non tarifaires et les restrictions quantitatives. Toutefois, les disparités entre les droits de douane biaisent les résultats obtenus par l'accord. En fait, il faut distinguer les pays qui taxent de manière uniforme toutes les importations - c'est le cas de la C.E.E. - et les pays qui présentent des « pics » tarifaires - les Etats-Unis - dont le taux moyen de taxation à l'entrée est assez faible alors que certains produits sont fortement taxés, introduisant un protectionnisme sélectif et efficace. Ainsi au coeur des négociations, se trouvent les problèmes liés à la construction européenne, à savoir le tarif douanier commun, la politique agricole, la préférence communautaire,...

Le Kennedy Round (1964 - 1967) a été souhaité à la fois par la C.E.E. et les Etats-Unis. Pour l'Europe, première puissance commerciale du monde au milieu des années 1960, il convenait de trouver un compromis entre les deux ensembles commerciaux concurrents : la C.E.E. et l'A.E.L.E.[1]. Pour les Etats-Unis, il fallait redonner un nouvel élan au commerce international et favoriser leur expansion économique, d'autant

[1] L'A.E.L.E. regroupe initialement l'Autriche, le Danemark, la Norvège, le Portugal, le Royaume-Uni, la Suède et la Suisse. Elle a été instituée par une convention signée le 4 janvier 1960.

plus qu'ils étaient exposés à un important déficit de leur balance des paiements. Pendant les négociations, les Etats-Unis proposent une réduction de tous les droits de douane de 50% sur cinq ans et une suppression complète des droits sur les produits dont le commerce mondial est réalisé à 80% par la C.E.E. et les Etats-Unis. La C.E.E. accepte l'idée de réduction des droits de douane mais rétorque que la construction d'un marché commun suppose un minimum de protection vis-à-vis de l'extérieur. La C.E.E. souhaite, quant à elle, l'écrêtement des « pics » tarifaires et la réduction, voire la suppression, des obstacles non tarifaires en particulier la méthode A.S.P.[1] (American Selling Price). Les résultats de ces négociations sont importants. La réduction des tarifs est d'environ 35% pour les produits industriels (50% pour les automobiles) et de 20% pour les produits agricoles. Les trois quarts du commerce mondial sont concernés. En matière de barrières non tarifaires, les résultats sont plus modestes, un seul accord ayant été négocié sur les pratiques « anti-dumping ». D'ailleurs, de nombreuses difficultés demeurent au niveau de certains secteurs comme les problèmes posés par l'abolition de l'A.S.P., le commerce des textiles, du coton, les obstacles non tarifaires dont la prolifération et l'aggravation tendent à compenser la baisse des droits de douane.

Le Tokyo Round (1973 - 1979) s'est ouvert dans un contexte international très difficile dû notamment au fait que le système commercial international était en crise et ce, à cause des retombées de la crise monétaire de 1971, de l'abandon des taux de change fixes, des chocs pétroliers et de la succession des récessions économiques. Ces facteurs expliquent un retour généralisé au protectionnisme et à la prolifération des obstacles aux échanges commerciaux ainsi qu'un retour aux pratiques bilatérales au mépris des règles du G.A.T.T.. C'est pourquoi le Tokyo Round s'est assigné un objectif de négociations très vaste puisqu'elles visaient non seulement à réduire ou à éliminer les obstacles tarifaires et non

[1] L'A.S.P. est une pratique douanière selon laquelle les droits de douane sont calculés non pas sur le prix facturé par l'exportateur étranger, mais sur le prix d'un produit équivalent fabriqué aux Etats-Unis, ce qui aboutit à des taux très élevés atteignant 30 à 40%.

tarifaires aux échanges, mais encore à façonner un système commercial multilatéral à long terme. La C.E.E. insiste d'une part sur la nécessité de sélectionner certains obstacles non tarifaires qui apparaissent particulièrement nuisibles aux échanges internationaux, et d'autre part sur la particularité du secteur agricole dans les échanges internationaux. La politique agricole répond aux conditions particulières de l'agriculture dans la communauté. Ses principes et ses mécanismes ne sauraient être mis en cause et ne peuvent pas constituer un objet de négociation dans ce cadre. La déclaration de Tokyo montre la spécificité de ce domaine en énonçant que, dans les négociations, il devrait être tenu compte des caractéristiques spéciales et des problèmes de ce secteur. La complexité de ce dossier tient au fait que les mesures à la frontière s'ajoutent à des politiques de protection des agriculteurs au niveau interne. Une opposition vive apparaît entre les Etats-Unis - qui défendent l'idée d'un traitement des produits agricoles identique à celui des marchés industriels - et la C.E.E. - qui estime que les marchés agricoles doivent être encadrés à travers des accords sur les prix, des stocks,...

Les résultats de ce « Round » portent sur l'abaissement des droits de douanes - la moyenne pondérée des droits de douane pour les produits industriels passe de 7,2% à 4,9%, soit une réduction d'un tiers, la diminution sensible des « pics » tarifaires - sans obtenir l'écrêtement de droits élevés pour certains produits et certains pays - et sur la conclusion de divers accords multilatéraux[1]. Les accords sur les produits de base agricoles aboutissent à des abaissements significatifs de droits de douane concernant un grand nombre de produits agricoles et, dans le cadre de l'adoption du code sur les subventions, les principes et les règles, - relatifs aux subventions aux exportations de produits agricoles - ont été précisés et affinés. En outre, deux accords relatifs à la viande bovine et aux produits laitiers ont été conclus. L'arrangement

[1] Six codes sont signés, à savoir : un code anti-dumping, un relatif aux subventions et droits compensateurs, un sur l'évaluation en douane, un code sur les marchés publics, un code sur les obstacles techniques au commerce, et un dernier sur les procédures en matière de licences d'importation.

relatif à la viande bovine vise à promouvoir l'expansion, la libéralisation du marché et du commerce international de la viande et des animaux sur pied. Il prévoit également la mise en place d'un conseil international de la viande chargé d'évaluer la situation et les perspectives du marché mondial, de procéder à des examens de l'application de l'arrangement et de définir, en cas de déséquilibres graves du marché, des solutions éventuelles pour y remédier. L'arrangement relatif aux produits laitiers vise l'élargissement et la libéralisation du commerce mondial des produits laitiers, l'accroissement de la stabilité des marchés mondiaux et l'amélioration de la coopération internationale. Il s'agit donc d'éviter des situations d'excédents et de pénuries ainsi que des fluctuations excessives des prix. Cet accord prévoit la création d'un conseil international des produits laitiers et un mécanisme économique interventionniste à travers un système de prix minima à l'exportation.

§ 3 - Les produits agricoles au coeur des affrontements internationaux

L'Uruguay Round (1986 - 1993) est ouvert officiellement par la déclaration de Punta del Este en septembre 1986. Déjà, lors de la conférence du G.A.T.T. en novembre 1982, les Etats-Unis et la C.E.E. se sont affrontés sur la question de l'extension des règles du G.A.T.T. à de nouveaux domaines dont les produits agricoles. Pour les Etats-Unis, il faut se pencher sur l'examen, la réglementation et la limitation des subventions agricoles qui menacent d'entraîner les principaux Etats dans une compétition stérile et dangereuse. Le représentant des Etats-Unis soulignait alors que « nous devons essayer de développer une approche qui permet à chaque Etat de poursuivre ses propres politiques agricoles, tout en exigeant une concurrence internationale loyale et équitable ». De même, sous l'influence des pressions du Congrès, l'exécutif américain était prêt, dans le cas d'un refus de négociation des européens, à mettre en oeuvre des mesures de représailles. La position de la C.E.E. peut se résumer de la façon suivante : « si la Communauté est prête à entreprendre un programme de travail substantiel sur l'agriculture, elle n'est pas prête à accepter de nouveaux engagements et obligations ni à commencer de nouvelles négociations, si tôt après l'achèvement du Tokyo Round ». En conséquence, pour la C.E.E., la négociation sur les produits agricoles ne doit pas rechercher un alignement des règles applicables à l'agriculture sur celles prévues pour les produits industriels, ni ne doit remettre en cause les techniques de la P.A.C., notamment les restitutions à l'exportations. La Déclaration ministérielle de Genève en 1982 pose les problèmes plutôt qu'elle ne les résout. Elle prévoit la création d'un comité du commerce des produits agricoles. Il doit examiner, en fonction des dispositions de l'accord général, « toutes les mesures affectant le commerce, l'accès aux marchés et la concurrence, ainsi que l'approvisionnement en produits agricoles, y compris les subventions et les autres formes d'aides ». Le comité a donc un pouvoir de contrôle sur les politiques agricoles ; il détermine, par exemple, les conditions dans lesquelles les subventions à l'exportation ne portent pas un préjudice sérieux au commerce mondial ou aux intérêts des parties contractantes.

Mais l'insistance des Etats-Unis oblige les autres Etats à rentrer à nouveau dans un cycle de négociations en septembre 1986. La déclaration de Punta del Este réaffirme, de façon solennelle, les objectifs libre-échangistes traditionnels et la volonté des pays de combattre le protectionnisme et les distorsions liées aux échanges, afin d'établir un système commercial multilatéral plus ouvert, plus viable et plus durable. L'un des points essentiels de ce round est donc de démanteler les protections tarifaires et surtout non tarifaires (quotas d'importation, subventions à l'exportation, les normes, les réglementations,...) qui entravent le développement des échanges dans essentiellement deux secteurs : l'agriculture et les services. A. DUNKEL, directeur général du G.A.T.T., souligne que le commerce des produits agricoles montre que « la concurrence sur la base de l'avantage comparatif n'existe plus ; elle a été remplacée par une concurrence entre ministres des finances, qui recourent à toutes sortes de subventions directes et indirectes. La surproduction a abouti à l'accumulation de stocks énormes et à des exportations subventionnées de produits tels que les céréales, le sucre, les produits laitiers, le riz, la viande,... Les prix du marché mondial ont été ainsi artificiellement déprimés, et les recettes d'exportation d'un certain nombre de producteurs efficients de pays développés et en voie de développement s'en ressentent sérieusement ».

La libéralisation du commerce des produits agricoles et sa réintégration dans le cadre du régime juridique du G.A.T.T. devront s'effectuer dans trois directions principales retenues par la déclaration de Punta del Este, à savoir :

- L'amélioration de l'accès aux marchés par la réduction des obstacles tarifaires et non tarifaires aux importations de produits agricoles ;

- L'établissement de conditions de concurrence à l'exportation prévisibles et équitables et ce « par l'amélioration de l'environnement compétitif, grâce à un accroissement de la discipline concernant l'utilisation de toutes les subventions directes et indirectes ainsi que des autres mesures touchant directement ou indirectement le commerce des produits agricoles, en incluant la réduction progressive de leurs effets négatifs et en s'occupant de leurs causes ».

- La réduction des réglementations et des obstacles sanitaires et phytosanitaires visant la diminution des effets défavorables sur le commerce international.

L'acte final de l'Uruguay Round, adopté les 14 et 15 décembre 1993, est composé d'une série d'accords particuliers préfigurant la nouvelle organisation du système commercial multilatéral. Deux types d'accords peuvent être dissociés : les accords généraux sur la réduction des droits de douane, l'ouverture du G.A.T.T. à de nouveaux secteurs d'activité, le renforcement des règles et de la discipline, et les accords sectoriels portant sur des domaines très sensibles : l'aéronautique, les services, le textile et bien-sûr l'agriculture. L'accord sur l'agriculture vise à réformer le commerce des produits agricoles et à assainir ses circuits, ce qui contribuerait à terme à orienter ce commerce vers le marché, moyennant des réductions progressives substantielles du soutien et de la protection de l'agriculture, qui permettraient de remédier aux restrictions et distorsions touchant les marchés agricoles mondiaux.

L'accord de Blair House - faisant suite à l'accord de Washington - est révisé les 7 et 8 décembre 1993 et intégré dans l'accord général de l'Uruguay Round. Cet accord stipule : 1. Allégement des contraintes sur les exportations et les stocks - baisse des exportations européennes subventionnées de 21% - 2. Ouverture minimale du marché agricole commun à 5% par famille de produits - clause d'accès au marché -, 3. Rallon-gement de la clause de paix ou de non agression à 9 ans, 4. Amélioration de la clause dc rééquilibrage qui déclenche une consultation lorsque les importations des produits de substitution aux céréales augmentent.

Mais l'accord issu de l'Uruguay Round va plus loin en créant l'Organisation Mondiale du Commerce. Le Canada et la C.E.E., les premiers à avoir proposé cette création, l'ont définie comme « un mécanisme qui servirait à mettre en oeuvre les résultats des négociations dans un cadre institutionnel commun et à imposer des disciplines plus rigoureuses destinées à prévenir l'application de mesures commerciales unilatérales ». Par la déclaration de Marrakech, les ministres ont affirmé que la création de l'O.M.C. montre la volonté que « la libéralisation des échanges et les règles renforcées mises en place dans le cadre du cycle de l'Uruguay Round conduiront à un environnement commercial mondial de plus en plus ouvert (...) au profit et pour la prospérité des populations ». L'O.M.C. devait cohabiter avec le G.A.T.T. pendant une courte durée - en principe une année - de façon à régler les différends en suspens et renforcer la stabilité des relations commerciales multilatérales. C'est pourquoi, l'accord général de 1947 a été largement revu pour donner naissance à l'accord de 1994, dit « G.A.T.T. 1994 ». Pour l'agriculture, l'accord porte sur l'ouverture des marchés agricoles et sur les échanges de produits agricoles de base.

§ 4 - Les implications pour l'agriculture française et européenne

« L'histoire de la politique agricole américaine est fondée sur le rôle, depuis la guerre, de régulateur des marchés mondiaux. Que l'Europe lui vole ce pouvoir, n'est pas du tout du goût des américains. Il en résulte une véritable déclaration

Tableau 31 :

Les perspectives de l'agriculture européenne
selon le G.A.T.T.

Production	**Oléagineux**
Surfaces cultivables : 4,5 millions d'hectares Rendements P.A.C. : 2,36 tonnes / hectare Production : 10,85 millions de tonnes	Gel de 10% des terres consacrées à la culture d'oléagineux (colza, soja et tournesol) durant six ans et à partir de 1994.

AGRICULTURE

EUROPEENNE

Subventions	**Importations**
- Une réduction des exportations subventionnées de 21% sur 6 ans. * viandes bovines : 500 000 T * volailles : 150 000 T * Fromages : 130 000 T * agrumes : 250 000 T * vin : 450 000 h	- La C.E.E. doit importer un minimum de produits agricoles pendant six ans et à partir de 1994.

Source : C. NEHME (1994), p. 56.

de guerre à l'encontre d'un système d'aides aux agriculteurs européens considérés comme usurpateurs de marchés » (C. NEHME, 1994). Ainsi les Etats-Unis imposent un certain nombre d'exigences, à savoir : 1. La suppression des aides de la C.E.E. aux agriculteurs dans le but de soutenir leurs revenus ; 2. L'intégration dans la définition des politiques agricoles des critères de marché et d'efficacité économique ; 3. La limitation quantitative des exportations européennes de céréales et la réduction de la production d'oléagineux ; 4. La préservation du privilège pour les produits de substitution aux céréales d'entrer en Europe sans droit de douane.

Ainsi, l'Accord du 15 décembre 1993 implique, dans la pratique, un certain nombre de concessions :

- La première correspond à un plafonnement de la production d'oléagineux dans l'Union à un peu plus de 5 millions d'hectares, soit la production actuelle avec un gel de 10% des terres.

La deuxième est relative à la tarification. Les prélèvements dans tous les secteurs où ils existent deviennent des droits de douane fixes qui seront diminués de 36% en moyenne et d'au moins 15% par produit sur la période 1995-2000. De plus, les pays ayant signé l'accord doivent ouvrir un contingent tarifaire à droit réduit représentant 3% de la consommation intérieure du pays en 1995 et 5% en l'an 2000. Mais cette partie de l'accord est très ambiguë. L'accès minimum peut être calculé par produit (viande, produits laitiers, céréales) ou de façon plus fine encore. Dans ce cas, les conséquences seront très importantes sur l'agriculture européenne avec une mise en jachère de plusieurs millions d'hectares supplémentaires et des stocks croissants. L'accès minimum peut également être calculé en globalisant les produits, ce qui rend le G.A.T.T. compatible avec la Politique Agricole Commune. L'accord de 1993 est souvent apparu pour les Etats Unis comme un moyen de gagner des parts de marché en interdisant à l'Europe de subventionner ses exportations de produits agricoles.

La troisième concession concerne les subventions aux exportations et les aides directes internes. Ces subventions aux exportations doivent être réduites d'au moins 36% en six ans par rapport à la moyenne des subventions sur la période 1986-1990. Les aides directes internes sont ventilées selon leur nature (interdites, à réduire, autorisées temporairement ou de manière systématique). Les aides directes prévues dans le cadre de la nouvelle P.A.C. sont autorisées tout comme d'ailleurs les "deficiency payments" américains. Ces derniers faussent pourtant la concurrence internationale puisqu'ils permettent aux Etats Unis de vendre leurs productions en dessous des coûts réels de production.

Ainsi, l'agriculture française et européenne a été confrontée à deux événements majeurs dans les années 1990, à savoir la réforme de la P.A.C. et les résultats des négociations du G.A.T.T. En ce qui concerne la réforme de la P.A.C. tout d'abord, il est clair qu'elle a des conséquences importantes sur le paysage agricole. A la diminution du nombre d'exploitants agricoles, il faudra ajouter une diminution des revenus issus du travail de la terre. Les agriculteurs, en particulier ceux qui travaillent sur de petites exploitations, devront poursuivre la diversification de leurs activités par la vente de produits fermiers à domicile ou par le développement des activités d'hôtellerie (chambres d'hôtes) et de restauration. Ensuite, les contraintes ajoutées par les négociations du G.A.T.T. vont dans le sens d'une agriculture européenne moins intensive et moins subventionnée. Elles obligent les européens à freiner le développement de leurs productions en laissant le champ libre aux Etats-Unis. L'application de règles libre-échangistes sur les marchés agricoles en sera-t-elle améliorée ? L'Uruguay Round ne serait-il alors qu'« un grand marché de dupes » (Y. Le Diascorn, 1995).

Bibliographie

L. BOURGEOIS (1993), *Politiques Agricoles*, Flammarion.

C. CANEVET (1992), *Le modèle agricole breton*, P.U.R. Rennes

CHAMBRES d'AGRICULTURE (1994), *L'accord du G.A.T.T. du 15 décembre 1993.*

J.P. CHARVET (1994), *La France agricole en état de choc*, Eds LIRIS.

F. COLSON, V. CHATELLIER, L. ULMANN (1995), « Réforme de la P.A.C. et répartition des paiements directs aux exploitations agricoles », *Revue d'Economie Rurale*, pp 11-20, mai-juin.

Conseil Economique et Social de la région de *Haute Normandie* :

- « Les incidences de la réforme de la politique agricole commune sur l'emploi en Haute Normandie », 14 juin 1993.

- « Les incidences de la réforme de la politique agricole commune sur l'économie de Haute Normandie », 18 avril 1994.

- « Les incidences de la réforme de la politique agricole commune sur les espaces ruraux hauts normands », 22 avril 1995.

F. DESCHEEMAEKERE (1994), *La PAC : Avenir du monde rural et mondialisation des échanges agricoles*, Les éditions d'organisation.

Y. Le DIASCORN (1995), *L'Uruguay round : Un grand marché de dupes ?* , éds Ellipses

Direction Régionale de l'Agriculture et de la Forêt (1995), « Combien de chefs d'exploitation en l'an 2000 ».

Y. DOUTRIAUX (1991), *La politique régionale de la C.E.E.*, PUF.

B. HERVIEU (1993), *Les champs du futur*, F. Bourin.

J.F. ECK (1996), *Histoire de l'économie française depuis 1945*, Armand Colin.

EUROSTAT Publications, *Statistiques de la Communauté.*

I.N.S.E.E. (1993), *Les agriculteurs*, Portrait social.

P. Le ROY (1994), *La Politique Agricole Commune*, Economica.

C. NEHME (1994), *Le G.A.T.T., L'O.M.C. et les grands accords commerciaux mondiaux*, éds d'Organisation

D. PERRAUD (1995), « P.A.C., Etats, Régions : l'articulation des niveaux de politique agricole dans l'U.E. », *Revue d'Economie Rurale*, pp.2-10, mai-juin.

P. ROLLET, F. HUART (1995), *Du grand marché à l'Union Economique et Monétaire*, éds Cujas.

F. TEULON (1991), *La Politique Agricole Commune*, PUF, Que sais-je?, n° 2568

Conclusion

Alors qu'après la Révolution Française, deux français sur trois travaillaient dans l'agriculture, aujourd'hui un sur vingt a une activité agricole. Il s'ensuit que 40% de l'espace rural français est considéré comme étant rentré dans une spirale de déclin, voire de désertification. Les difficultés de l'agriculture ont de multiples répercussions sur les zones rurales. La diminution des actifs agricoles s'accompagne de la suppression d'activités publiques ou privées (écoles, postes, médecins, pharmacies, commerces et artisanat,...).

Les années 1980 ont marqué l'économie agricole européenne. Pour presque tous les produits agricoles de base, l'Europe est maintenant exportatrice après avoir été « traditionnellement » importatrice. Cette situation n'est pas sans conséquence tant au niveau interne (baisse des prix, des revenus, difficultés financières,...) qu'au niveau externe (croissance des subventions européennes des exploitations impliquant des difficultés budgétaires, « guerre »commerciale avec les Etats-Unis, la Nouvelle-Zélande, l'Australie,..., fluctuations des cours internationaux,...).

Dans ces conditions, une économie agricole duale se dessine progressivement. Elle oppose d'une part, les grandes exploitations qui seront, de plus en plus confrontées aux évolutions des marchés internationaux, et d'autre part, les petites et moyennes exploitations qui devront orienter leurs productions vers le marché intérieur, voire de proximité.

Tableau 32 :

Une agriculture segmentée

	Grandes exploitations	Moyennes exploitations	Petites exploitations
Production	Monoproduit	Polyproduits	Pluriactivités - agricoles - et de services
Critère-Clé	Prix de revient Marchés mondiaux	Marchés spécifiques nationaux	Marchés locaux Demande diversifiée
Politique	Quantité	Adaptation de l'offre à la demande.	Qualité et tradition locale Elargissement des activités

Les niveaux de productions des grandes exploitations devront s'accroître sous l'effet d'une plus grande concentration des terres et de l'utilisation de variétés plus productives[1], d'engrais et de traitements plus efficaces. Cela nécessite la mise en oeuvre d'équipements lourds et performants, compatibles seulement avec la grande taille. « Cette agriculture intensive se concentrera sur les terres riches, les mieux pourvues en industries de transformation

---

[1] Un exemple nous est donné par le maïs transgénique, c'est-à-dire un maïs génétiquement modifié, dont la culture doit débuter, en France, lors de la campagne 1999-2000. Cette nouvelle variété de maïs est protégé contre une maladie, « la pyrale » qui nécessite des traitements importants. Ainsi, cette nouvelle technologie permet d'utiliser moins d'herbicides et d'insecticides, d'où un impact positif sur l'environnement, et sur la productivité des plantations. Mais de nombreuses questions se posent, notamment sur les répercussions de cette technique sur l'homme (exemple : la diminution de la sensibilité aux anti-biotiques).

agro-alimentaire, en infrastructures de dépôts et de transports »[1]..

Les exploitations moyennes devront se tourner vers une différenciation de leur production de façon à répondre plus précisément et plus rapidement à l'évolution des marchés nationaux. Ainsi, outre cette polyproduction, ces exploitations pourront elles-mêmes transformer et commercialiser leurs produits, dégageant une plus forte valeur ajoutée.

Enfin, les plus petits exploitants ne pourront vivre de leur terre qu'en élargissant leurs activités, aux services (hôtellerie, restauration), à la production artisanale ou encore en ayant une activité extérieure.

Dans ces conditions, il est clair que la concentration des exploitations agricoles sera encore à l'avenir un élément marquant, répondant à une nécessité économique. Cependant, l'agriculture, pour aborder le IIIe millénaire, devra faire face à une nouvelle réforme de la P.A.C.. En effet, souligne la Commission européenne, « si la politique actuelle reste inchangée, les stocks d'intervention de céréales pourraient s'établir à quelques 58 millions de tonnes d'ici 2005 ». C'est pourquoi, l'agriculture de l'Union doit améliorer la compétitivité de ses produits céréaliers, et notamment grâce à une baisse des prix d'environ 20%. Ainsi, l'Agenda 2000 décline un certain nombre d'objectifs pour l'agriculture européenne - Propositions SANTER -. Mais ces objectifs nécessitent des moyens, et en particulier le développement des aides qui ne sont pas forcément souhaitées par les agriculteurs (Cf. Tableau 33).

Ainsi la principale variable d'ajustement devient les prix qui sont un élément de compétitivité sur les marchés européens et mondiaux, quelles que soient les productions. Alors que la maîtrise de l'offre était un objectif central de la réforme de 1992 à travers le gel, les quotas, l'encouragement à l'extensification,..., les propositions SANTER vont à

---

[1] F. DESCHEEMAEKERE (1994) « La P.A.C. : avenir du monde rural et mondialisation des échanges agricoles », Les éditions d'organisation

l'encontre de cet objectif. La commission reconnaît d'ailleurs que les instruments européens classiques de gestion des marchés deviennent caducs sous la pression de la libéralisation des marchés.

Tableau 33 :

Objectifs et moyens de la P.A.C. 2000

-Compétitivité sur les marchés nationaux et internationaux	-Baisse des prix
-Affirmation de la place de la grande puissance exportatrice de l'Union européenne	-Adaptation aux évolutions de la demande sur les marchés
-Sûreté et qualité des produits alimentaires	-Politique de qualité
-Préservation de l'environnement	-Intégration des contraintes environnementales
-Préservation du niveau de vie des exploitants agricoles	-Modulation et redistribution des aides
-Dynamisation du milieu rural	-Création de sources de revenu et d'emplois due à une pluri-activité

La réforme est destinée à répondre aux contraintes extérieures et en particulier à préparer les futures négociations de l'O.M.C. La baisse des prix permet à la fois de maintenir le niveau de protection dans l'hypothèse d'une nouvelle baisse des tarifs douaniers, et de limiter la contrainte exportation qui porte, pour chaque secteur, à la fois sur les volumes exportés avec subvention et sur le niveau global des aides à l'exportation. De plus, la distinction des deux types de soutien - soutien par les prix et aides aux revenus - sera un élément important dans la future négociation de l'O.M.C..

Il est clair que si l'objectif de compétitivité reste très marqué dans les P.A.C. 1992 et 2000, les voies de cette compétitivité ont évolué :

- La gestion des marchés par le contrôle des quantités produites et par l'adaptation des modes de production - par exemple, incitation à l'extensification n'apparaît plus comme une priorité forte ;

- Le maintien d'un nombre suffisant d'agriculteurs ne figure plus dans les objectifs de la commission ;

- La politique rurale apparaît moins liée à l'activité agricole qu'à travers la P.A.C. de 1992.

Cette réforme, même si elle est nécessaire mais sans doute par des voies différentes, fragilisera encore davantage l'agriculture. En amplifiant les aides, elle conduira à l'abandon progressif de certains systèmes de production, voire certaines productions, impliquant un appauvrissement général de l'agriculture. Le schéma proposé va à l'encontre :

1. des objectifs des agriculteurs : vivre de leurs terres. L'Agenda 2000 aboutit à transformer la P.A.C. en une politique de revenus apportés aux agriculteurs par le biais d'aides directes avec toutefois un plafonnement des aides par exploitation.

2. des attentes de la Société : meilleure qualité des produits et sécurité alimentaire.

3. de la maîtrise des risques naturels et l'entretien de l'espace rural : le maintien du nombre d'agriculteurs n'étant plus un objectif affirmé. Un certain nombre de biens et de services environnementaux, jusqu'ici gratuits et supportés par les agriculteurs, seront vraisemblablement abandonnés au profit des tâches directement productives.

3. des contraintes européennes : diminution du coût de la P.A.C.. Or, la réforme, telle qu'elle est envisagée coûtera plus cher à la collectivité du fait d'un accroissement des aides.

Autant de points sensibles qui conduisent à se poser des questions sur l'opportunité d'une telle réforme et sa viabilité. L'agriculture du IIIe millénaire sera-t-elle une agriculture sans paysan -leur nombre ne cesse de diminuer- et «SANs TERre»[1] puisqu'il est déjà possible, notamment dans l'élevage, de produire « hors sol » avec des rendements très élevés.

[1] Nous reprenons ici un slogan des agriculteurs lors de manifestations contre les propositions de M. Santer

Plan détaillé

Partie III :

La montée des incertitudes :

vers une agriculture segmentée

Achevé d'imprimer sur les presses de l'Imprimerie BARNÉOUD
B.P. 44 - 53960 BONCHAMP-LÈS-LAVAL
Dépôt légal : mars 1998 — N° d'imprimeur : 10864